建築の設計力

Architectural
Design C.
Sakaushi

坂牛 卓

彰国社

まえがき
Preface

建築の設計は一言で言えば、

頭でぼんやりと思い描いている考えをあるとき思い切って、

「えいやっ」と形にする作業である。

そしてこの「えいやっ」と形にする

ギリギリの最後の瞬間は運を天に任せて、

感性のあるいは手の赴くままに進めるしかない。

つまり最後はパトスである。

だから建築の創作の最後はコトバにできない。

しかし、この最後の最後まで建築家は

ロゴスの世界のほうにいて必死にコトバを紡いでいる。

どこでパトスの世界に飛び、

どこまでロゴスの世界に身を置くかの個人差はあるけれど、

その2つの世界を誰もが通り過ぎる。

パトスの部分は言葉にできないものの

ロゴスの世界は記述できる。

そしてその部分を身につけているかどうかで

設計者の力量は半分決まる。

だからそのことを伝えたく筆をとることとした。

序文
Introduction

本書は建築設計のメカニズムを理解することで読者の設計能力向上の一助となることを目指した本である。

　そのために魔術的なブラックボックスに入っている設計という行為を箱から取り出して光をあてて、その仕組みを客観的に眺めてみようと思う。光をあてる素材は私の設計という行為である。よって本書はある意味私の設計のやり方を明らかにするものでもある。しかしそこで本質的に伝えようとしていることは設計のメカニズムそれ自体である。

　私がこのような本を著そうと思い立ったのは、大学で設計製図を教えるなかで感じたいくつかのことに起因する。まず1つ目に非常勤講師としてプロの建築家を多数招き授業をしている私の大学では、それぞれの建築家からそれぞれの独特な指導や意見が発せられる。そしてその多様性に学生は右往左往しているのが見て取れる。設計が多様なものであるのは論をまたない。しかし学生はその多様性を受け取るために「設計とはこういうものだという枠組み」を身につけている必要があると、私は感じてきたのである。2つ目に私自身が指導をするなかで私の嗜好の変化が指導にそのまま表れているのを感じることがしばしばあった。しかし設計の背骨のようなものと個人の嗜好は、別なものとして教えていかないといけないだろうと思うようになったのである。もちろん学生は学生でなんとか設計それ自体を知ろうと考え、さまざまな情報にアクセスしている。しかし彼らが往々にしてたどり着くのは有名建築家のマニフェスト、あるいは作品集などである。それらは設計のメカニズムを示しているものもあるが、ほとんどが設計全体の一部に過ぎず、おそらく一番劇的で華やかに見えてもっともその人らしいところだけをすくい取って示している。だから設計という行為全体の論理的一貫性およびそのメカニ

ズムをそこから知るのは困難なのである。

　そこで、それを分かってもらう本を書くとするとどうなるのだろうかと考えてみた。設計という行為はこういうプロセスで行われるのだよ、というそのプロセスだけを抜き取って書いてみようかと最初は考えた。実はこの手の設計プロセス論は海外ではよく見かける設計の教科書で、私も留学中にいくつか目を通したことがある。しかしそれらはどうもしっくりこない。そんなにスムーズにことは運ぶのだろうか？　そういう本には設計者がやるべき項目とタイムスケジュールが、あたかも工場の生産スケジュールのごとくバーチャートをもとに示されているのである。私がしっくりこないと感じたことは、建築の設計は機械の設計とは異なり機能を充足すれば終わりではないので、考慮すべき要素は多元的で選択肢も豊富で、正解を一元的に見極めにくいものであろうという点であった。そこで私はそうした設計の多元性と葛藤の空気を示すために自らの設計行為を題材にして設計のメカニズムを記すことにした。

　読者はこの本に表れる設計の「メカニズム」に注意して、読後にメカニズムの骨の部分を取り出してそこに自らの営為を肉付けすることができる。もちろんこのメカニズムは私のメカニズムではある。しかしこのメカニズムの骨の部分はおそらくそれほど多様なものではないと思われる。つまりこの内容は多くの建築家が共有しているものと考える。

　そこでまず自らの設計のメカニズムを分析することから始めてみよう。するとそこで起こっていることは実に複雑に見えるが、おおむね次の流れで進んでいると考える。それはA）プロジェクトの課題を設定する、その課題にB）答えをつくる、つくった答えを反省して建築をC）続けることである。少し詳しく言うとすると、プロジェクトが始まるとクライアントが現れ、設計の要件が告げられる。そこで我々はプロジェクトの要件を整理しながらこのプロジェクトはどのように、あるいはどこを問うことによって建築として意味をもつのかを考える。これがA）課題設定の段階である。たとえば都心の狭小な場所に住宅をつくるプロジェクトを受注したとき。狭い敷地だが広々とした家に住みたいクライアントに、垂直的に広い家をつくることを

問おうと決めるのがA) の段階である。次にこの縦への伸長という課題を突き詰め、それを建築の答えとしてつくる作業がB) である。ここでは実際にどういう素材を使って、どのような形にして、その大きさはどのくらいにするかなどを具体的に考えて図面を描く段階である。そしてその後工事が行われ竣工する。そしてでき上がりを踏まえ反省をして次の設計を行うというC) の継続の段階になる。この3番目のステップは最後に記したが、最初にもってくることも可能である。というのも建築を継続するということは新しいプロジェクトが始まるということである。新しいプロジェクトを始めるにはそこに何かをつくりたいという内面に紡がれる建築の理念が存在していなければならないのである。そこでこうしたプロセスをまとめると建築の設計に必要な能力は次のように言える。「建築の設計力」は次の3つの力から構成される。1) 自らの建築理念を紡ぐ力、2) 課題を見つける力、3) 答えをつくる力である。

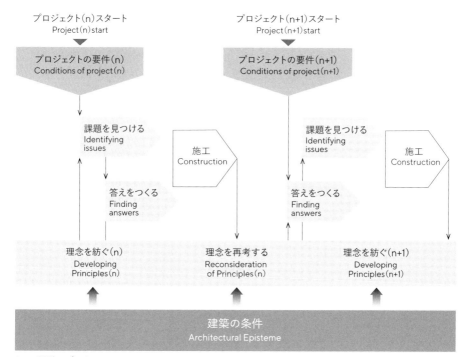

fig.1　設計のプロセス　The process of Architectural Design

もちろん、ことはこの順番で起きるとは限らないし、設計においてこの3つの力すべてが駆動しているかどうかも建築家によって異なる。1) 理念を紡ぐ力は多くの建築家が保持していると思う。しかし2) のステップである課題の発見をしない人もいるかもしれない。こういう人はすぐにプロジェクト条件をもとに3) 答えをつくる作業、すなわち図面化のためにスケッチをひたすら描くかもしれない。あるいはプロジェクトを1) 自らの理念に強引にあてはめることもあるだろう。しかし多くの建築家はその軽重の差はあれどもこの3つの過程をくぐり抜けながら設計を完遂させていると思われる。そしてこのことを図示すると次のようになる [fig.1]。

　この図において、1) の自らの理念を紡ぐ力は下から2番目の帯のところである。これは過去から未来に向けて継続的に各建築家の心のなかに培われていく。そしてその建築家にプロジェクトが発注されるとプロジェクトの要件が提示され、課題を見つける、あるいは答えをつくる作業が起こる。そして答えをつくる作業が終わり、図面が完成し工事が始まり竣工すると、建築家はできたものを体験して設計目標の完成度合やつくり方の適切性を判断する。そして最後に自らの理念を再考するに至る。そしてこのサイクルの繰り返しが建築家の建築設計力を高めていくのである。さてこの図で一つ説明していない項目がある。それは建築理念の下にある帯「建築の条件」である。これは私が2017年に上梓した拙著『建築の条件』[1]で示したことである。それは建築家が建築理念を考え、あるいは課題を見つけ、答えをつくるときに建築家に意識的、無意識的に影響を与えている社会的、文化的枠組みのことである。本書ではこの点については簡単に後述するにとどめたい。興味のある方は『建築の条件』をお読みいただければ幸いである。

1　坂牛卓『建築の条件──「建築」なきあとの建築』(LIXIL出版、2017)

Architectural Design Capability

English Digest

Preface

Architectural design, in a nutshell, is a process in which you take a vague idea (concept) floating in your mind and daringly put it into a form. When you are about to make a decision, you have no choice but to leave luck to heaven and trust your sensibility and the instinctive move of your hand. In other words, your Pathos makes the final decision. That's why the final stage of architectural creation can't be translated into words. Nevertheless, you try to remain in the world of Logos and desperately spinning words until the last moment. Although there are individual differences in when to dive into the Pathos world and how long to remain in the Logos world, every architect passes through these two worlds. Although Pathos cannot be expressed in words, Logos can be written down. The half of the designer's competence is determined by whether he/she knows the Logos part or not. I decided to take up my pen to convey that fact.

Introduction

This book aims to help readers improve their design abilities by understanding architectural design mechanisms. To begin with, I illustrated our normal design process in [fig.1](p.008). A project has a client, a site, and a required program, and we start designing by following the process. Meanwhile, we have our own architectural principles we want to realize. We search for the issues to be considered in the project based on the principles, try to find answers to the issues, and then draw a design. In other words, the architectural design capability is composed of three elements: 1) an ability to develop principles, 2) an ability to identify issues, and 3) an ability to find answers.

Chapter 1: Ability to Develop Principles

In developing our own principles, it is necessary to include values that can be shared in society in our own architectural idea. To do that, we need to start by exploring what is at issue with today's architecture. First, I want to think about the habitus (or habit) of contemporary architecture. "*Architectural Episteme*", my book published in 2017, provides a lot of tips for considering habitus. The book lists the intellectual framework (episteme) that architects could adopt from society. In particular, the last chapter of this book, 'Social', contains discussions that could give a significant impact on contemporary Japan. What is written in it is that the strong 20th-century capitalism economy has become stagnant in the 21st century, and architecture is increasingly expected to support and serve the declining society. That is, even private architecture should be designed to be open and available to many people so as to serve the society as much as possible. In other words, architecture has become more open. If we see it in more detail, public buildings have changed from closed and exclusive to more open and inclusive in the 21st century. Similarly, the Japanese houses, once a closed shelter that protects residents from the danger of the city, are now becoming more open. However, it doesn't mean that closed personal space has disappeared. Closed space is still a necessary place in the city.

Now there are additional concepts, autonomy and heteronomy, that explain the architectural characteristics related to the openness and closeness. Around a time when architectural modernism began to shape, human autonomy became an issue among philosophers, started from Immanuel Kant. He questioned the ability of human that became autonomous from God. The view of Viennese art historians is that this philosophical background contributed to the autonomy of art (including architecture). According to them, paintings and architecture can retain their autonomy only by sticking to the theories inherent in each genre. This became the *These* (thesis) of modernism. However, during the 70s and the 80s, growing doubts about modernism led to the doubts about architectural autonomy. In fact, it wasn't just about architecture, but also philosophy. Then, replacing autonomy, heteronomy came into play. Now, as described above, since autonomy is inherent in a certain genre's uniqueness, it has a closed nature, and vice versa for heteronomy. In other words, openness/closeness and heteronomy/autonomy are closely intertwined. I think these two sets of antonyms are the keywords for thinking about the habitus of contemporary architecture.

In addition to these, I would like to mention another important habitus, one viewed from the side that receives architecture, pointed out by Walter Benjamin. His argument is that architecture, advertisement, mode, etc. sink deep inside people's dreams and it is necessary to arouse their consciousness to recognize them. I want to point out the fact that architecture, as well as advertising, is constantly exposed to people's eyes from morning till night but it remains almost unnoticed. I want to consider this invisibility of architecture, the same characteristics as advertising (advertisingness), as a habitus of the receiving side of modern architecture.

Based on my argument about the habitus of contemporary architecture as an openness/closeness, heteronomy/autonomy, and advertisingness, I'm going to develop architectural principle. Before that, I want to confirm ideas about basic architectural components. I wrote *"Rules of Architecture"* in 2006 and defined "thing" and "space" as the basic architectural components. Architecture has been regarded as "thing" from the era of Vitruvius, and it was at the beginning of modern times when "space" started to be considered as important. In any case, these two components have been the core of architectural ideas. Now, I recently came up with another component I want to add to these two. Those are light, wind, sound, smell, people, animals, furniture, etc. that pass through between things. They may be collectively called "flow". This is still my primitive idea and it may be better for the readers to remember just "thing" and "space" as the basic components at this point. However, as described above, when considering the openness/closeness and the autonomy/heteronomy as the habitus of architecture, the strength and quality of its relationship with the surroundings will be questioned, and they are largely dependent on this element of "flow". In this sense, although the idea is still confined to myself, the concept of "flow" seems to have a logical place somehow. In fact, I am thinking about setting "flow" as my core architectural principle. Talking about "flow", when you watch the flow of a river, you will notice areas of still water, usually around the rocks on the bank, above deep water, or where aquatic plants grow thick. Where there is a flow, areas of still water is always created. If I can create this flow and stillness in the architectural space and give the rhythm of strength and weakness to arouse people's consciousness, architecture sinking in the depths of people's consciousness will be revived. I think this is the goal of my architecture.

Chapter2: Ability to Identify Issues

When a project starts, a client shows up and asks you to design new architecture. Specific conditions, including the building site, requests for programs, and budget, are given. You will have to refer to relevant laws for the site. In the face of such concrete and realistic conditions, what you should do is to think about possible issues to be questioned here, while closely examining the conditions given to you. The first question you should ask is whether there are issues to consider with regard to the site environment and the program. The environment and the program are different in every project, and a project owes its uniqueness to this difference. Examples of the issues related to the environment include: how you think about the context of the site; how much you think of the nature around the site; how you save energy by using renewable energy; whether you take the idea of local production for local consumption in considering the material for the construction; how you understand the cultural context around the site, etc. You can find many issues concerning environment. As for the program, the examples are: how you solve the complexity of the program and link that solution to the design; how you expand the program to the point that your client can get more benefits; how you change or add or modify the program to bring more satisfaction to the client. Programs are, as a matter of course, the starting point of the project.

Now, however, these questions have the potential to connect with not only the uniqueness of each project, but also the issues of society in general. This is an opportunity to take the solutions offered in individual projects to the next level, from specific to general. In this sense, I want the readers to identify general public's awareness of the issues that keeps the projects and society together. In my case, I look to modern philosophy. Let me introduce four keywords representing the central issues in contemporary philosophy, proposed by Hitoshi Ogawa. They are "emotion", "thing", "technology (AI)", and "community". These are important concepts often taken up in philosophical discussions in various fields today and closely related to the field of architecture. "Emotion" was born from an introspection about the fact that the 20th-century modernism was an age of science led by reason. Material orientation ("thing") is a philosophical concept, rethinking anthropocentrism that supported the epistemology started by Kant. "Technology (AI)" doesn't require an explanation. It looks at how artificial intelligence that evolves through the development of computer will change architecture. Finally, "community" is a concept about the social ties that are indispensable in considering the social nature of the architecture in the 21st century, as introduced in the habitus of modern architecture (Chapter 1).

Chapter 3: Ability to Find Answers

Now that we have identified issues for a specific project, we will find answers to those issues. For me, the act of finding answers is equivalent to applying architectural scales to "things" and "space" that I consider as basic building components. In my book *"Rules of Architecture"*, I presented three concepts—"materiality", "form" and "relationship"—as the scales. Each of these concepts are further broken down into sub-concepts: "material" into texture, color, and transparency; form into shape and size; relationship into hierarchy, wholeness, inclusion, and independence. There are nine concepts in total. It can be said that the final process of design work is to determine the degree of emphasis between these concepts. In this book, I will explain what the issues are for each project and how the degree of emphasis is determined for each project.

I divide my works into three stages in a historical order: the era of "window" in my early age; the era of "frame", and; the era of "flow". The outlines of the issues set during each era and the answers to them are provided. During the era of window, window was considered the most important part of architecture as a device that connects people and people, people and things, things and things, and takes in light and wind. When I finally realized my current architectural philosophy, I came to understand that this window was a component that let "flow" through.

Next, my idea was extended and I shifted my focus on "frame". If "window" is defined as a glass opening attached to the outer wall, a frame does not have to have glass, does not need to be on the outer wall, and can be three-sided instead of four-sided. If a frame is a brother of window, it is perceived as an elder brother. Then, after working on architectural designs based on the concept of frame, I arrived at the idea of "reframe". This refers to a disparate frame among many frames, that is, a discontinuous frame that is larger, smaller, or different in color. I called this heterogeneous frame as "reframe" and tried to break the continuity in the building to make the people who pass through it aware of the architecture.

I became conscious about the third concept of "flow" around 2018. Until then, I had been concentrating on designing windows and frames which are a border that people's gaze, light, wind, or people pass through. However, around 2018, I came to think that the important thing is not the frame itself but the things which pass through it. I cannot ignore the influence of dynamic equilibrium, a theory in biology. It says that the cells of a living thing are not stationary, that they constantly metabolize, that the liquid that flows through the cell is the essence of the living thing, and that the liquid is in equilibrium between internal organs or inside and outside. If architecture is considered analogically, architecture is a cell, what flows through it is the liquid. And this liquid is the leading actor and architecture is the supporting role. Put it bluntly, I started to think about "architecturizing" the flow itself, or the movement that flows through the frame.

Final chapter: Modify the Principle

Even if the answers are found and the construction is finished, the architecture is not finished. The next building must be made. What is important at this point is whether or not to renew your architectural principle. If it makes sense to have one style with one expression, you should not change it so easily. On the other hand, you look more contemporary and flexible by refining the architectural principle by reflecting on what was wrong. The most important thing, regardless of whether renewing your principle or not, is to continue designing architecture. If you keep going, someday, you will be torn between renew and not renew, and this inner conflict will turn into your strong energy to create architecture. Energize yourself to keep on designing architecture. This is actually the most important thing.

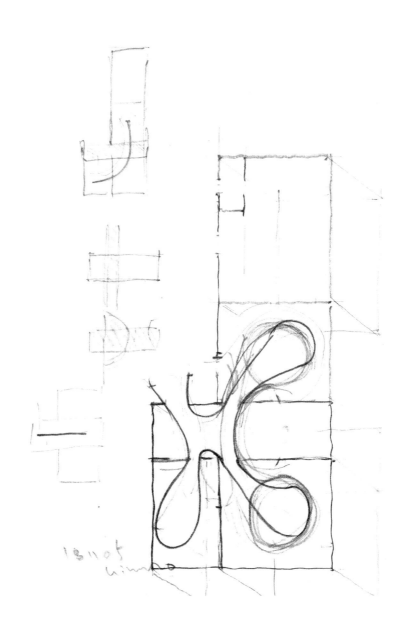

第1章

理念を紡ぐ力

Ability to Develop Principles

第1章では設計者各自が理念を紡ぐ作業についてお話ししたい。建築の設計はスケッチブックやコンピューターを前にして図面を描く前段階がある。設計を開始するには設計を発注してくれるクライアントがいて、そのクライアントが敷地を含めてさまざまな要望を述べる。次に設計者は法的要件やインフラの状態、周辺環境などを調査する。こうしてプロジェクトが具体的に始まる。しかしそこで始まる設計はそのとき現れる具体的な要件にすべてを支配されるわけではない。

　序章で述べたようにそれまでにその設計者の内面に紡がれた建築への思い（建築理念）も具体的要件と同等に設計の出発点として位置づけられるのである。よって、もし自分にはいまだそんな理念が確立していないと思う人はそれをしばしじっくりと考える必要があるだろう。そしてそれを考える力はどのようにして獲得できるのかを本章では考えていきたい。

　そうした自分に内面化した理想の建築（理念）は、天啓の如く突如閃くというよりは、一つひとつ建築をつくり続けていくなかで徐々に確かなベクトルとなって意識されてくるものである。それは最初のうちは具体的ではなく抽象的で、その後徐々に具体性を帯びていくものである。たとえば篠原一男が第1の様式では日本の伝統を、第2の様式では亀裂の空間を措定していたことなどが分かりやすい例である。多くの場合それは抽象的な概念に始まり、後に形をもった実体を伴う場合が多い。その概念と実体のセットは答えをつくるという最終目標までの道のりをともに歩めるものでなければならない。またプロジェクトが始まったときに与えられる具体的な条件とつながり得る柔軟性をもっていなければならない。

　菊竹清訓が著した『か・かた・かたち』[1]ではデザインには3つの段階があるとした。「か」では本質的段階として概念を問い、「かた」では実体的段階として法則性や技術を問い、「かたち」では現象的段階として感覚や形態を問うと説いた。私が言う建築理念は菊竹の言う「か」に近いものである。それはこれから建築が生まれるであろう原型なるものとして各自がつくり上げておくべきものなのである。

さて、そうした建築理念を我々は何を基準に紡いだら良いのだろうか。建築は芸術作品とは異なり人や社会のなかで成立しているものであり、人や社会というものと関係をもつことがその存在の必要条件である。その一方で芸術性を問われることもある。しかし芸術性の重視が社会性の等閑視を意味するわけではない。たとえば美学者小田部胤久は、芸術はその時代と場所にあるハビトゥス（知覚、思考、行為を生み出す習慣）を超えた芸術家のユニークな独自性をもつと同時に多くの人の規範となるものでなければならないと言っている。規範となるということはある社会のなかでの共通理解が得られるということでありそれは社会性をもつと言い換えてもいいことである。

　そこで建築理念を紡ぐ基準は2つの側面から考えなければならない。1つは現在建築に影響を与えている社会的・文化的枠組みがあるとすればそれは何か。次にそれを受けて、あるいは関係している建築操作のハビトゥスとは何かである。そこでまず最初の問いに答えるために私が2017年に著した『建築の条件』で取り上げた9つの条件を再考してみたい。というのも『建築の条件』は建築家が現在建築を考えていくうえで、社会あるいは文化の枠組みから意識的、無意識的を問わず受ける影響を記した本だからである。そこでは人間に本来備わる性格の項目として男女性、視覚性、主体性、倫理性、主として社会に関わる項目として消費性、階級性、グローバリゼーション、アート、ソーシャルを挙げた。そこで社会的・文化的枠組みを探るために後半の5つの項目に注目して次節にて検討したい。

1　菊竹清訓、復刻版『代謝建築論——か・かた・かたち』(彰国社、2008、原著：1969)
2　山田忠彰、小田部胤久『スタイルの詩学——倫理学と美学の交叉』(ナカニシヤ出版、2000)

1 現在の建築的ハビトゥス
Current Architectural Habitus

既述の通り建築理念を紡ぐ基準を探るためにはその時代の社会的・文化的思考の枠組みを見つけ出す必要がある。さらにそれに関わる建築操作のハビトゥス（習慣）を明らかにしていかなければならない。ハビトゥスとは人々の広い意味での習慣である。それは日常生活のそれに限らず、思考や創作の場における習慣的な行いも指す言葉である。創作行為の習慣を知るということは過去から未来へ連なる人々の営みを確認するということである。それを確認することで独りよがりではない真の創作というものが築き上げられるのである。

　そこで拙著『建築の条件』の後半5つの項目：消費性、階級性、グローバリゼーション、アート、ソーシャルのなかでも全体のまとめ的に重要である最終章のソーシャルを復習してみたい。第9章のソーシャルには次のようなことが記されている。20世紀末のバブルの頃は経済状況が良く、建築は機能や効率性に加え、建築のファッション性、芸術性を伸ばすことをクライアントから求められていた時期だった。しかるにバブルが崩壊し、リーマン・ショックがあり世界中の先進国の経済は停滞傾向になった。もはや建築に多大な資金をつぎ込む余裕はなくなり、最小限のファッション性、芸術性を満足すれば良くなった。むしろ建築は社会の困った人のために少ない予算で効率的につくられることが求められるようになったのである。つまり建築と経済の関係が建築に社会性を求めるようになったと言える。

　一時代前は商業、文化芸術的建築が設計者の文化的思想を反映し設計者の独自の世界が現出した。しかし昨今の社会のための建築というものは社会に対して思想的にも物理的にも開かれることで、人々の世界（建築家の世界ではなく）となる傾向がある。つまり前世紀において独自の世界観を生むために必然的に、比較的閉鎖的であった建築が現在はソーシャル建築として開放的になってきたと言える。このように経済の変化が建築に大きな影響を与え、さらにそれに輪をかけて3.11の災害は建築を人々のものへと引き寄せていった。そして建築が人々のものである

ということを実体として示す必要が生まれた。そのために建築をなるべく開放的に透明感あふれるものとして、人々が自由に出入りできるものとしてつくるハビトゥスが生まれてきたのである。

　しかしこのハビトゥスは実は経済の停滞、災害を待たずして起こってきていた。その理由の1つはガラスを止めつけるドットポイントなどの技術的発明、トリプルガラスなどのガラスの性能向上である。2つ目は企業や役所の経営、運営の透明性への希求が挙げられる。これらによって1990年代から建築の開放化は促進されていたと言える。もちろんその後の経済停滞、災害による建築の社会性を望む声が開放化を促進したことは言うまでもない。いずれにしてもこの建築の開放系への移行を現代建築の一つのハビトゥスと捉え、次項1-1にて検討を加えていきたい。さらにその次の1-2ではそれを包含する概念としての自律性と他律性について述べていく。

3　ピエール・ブルデュー『ディスタンクシオン』(石井洋二郎 訳、藤原書店、1990)にハビトゥスの概念は詳しく説明されている。

建築の開閉性
Openness and Closeness of Architecture

前項では、建築理念を紡ぐ基準として社会的・文化的枠組みとして
の経済停滞と災害、そしてそれに関連する建築的ハビトゥスとして建
築の開放化を指摘した。そこで以下2つのビルディングタイプにおけ
る建築の開放化を見てみよう。

公共建築の開放化

開放と言った場合そこには2
つの意味合いがある。1つは
視覚的に透明で、また機械的
にドアや壁が開かれたものと
なる開放である。これを物理
的開放と呼ぶことにする。2つ
目は建物の中に入ることが可
能な部分がたくさんあること。
つまり公共性が高いという意
味合いでの開放である。これ
を意味的開放と呼ぶことにす
る。今からお話しする庁舎建
築における開放は意味的開放
の度合いを分析した話である。
　私の研究室では庁舎建築

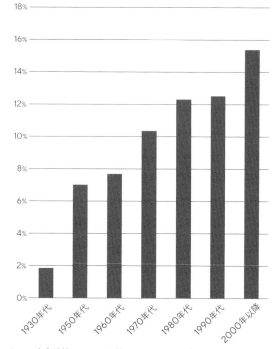

fig.1　庁舎建築における公共スペースの延べ床面積に対する比率

の意味的開放を分析したことがある。それによると庁舎建築は昭和初期から現在まで、その建物内で一般の人々の立ち入れる部分の面積比率がグラフ［fig.1］のように右肩上がりで上昇してきた。つまり意味的に開放されてきた。また過去においては市民の立ち入れる場所ではそこで行われる行為が限定されていた。たとえば書類を依頼する場所、申込書を記入する場所、申し込みをしてでき上がりを待つ場所、打ち合わせをする場所などである。しかし現在ではその場所での行為は限定的ではなく、何かをすることが義務づけられているわけではない。自由に入って何をすることもなく佇める場所が多くしつらえられているのである。それは言うまでもなく市民に開かれた場所を多くつくり出し、市民のための役所を体現するためである。この傾向はグラフが示すように経済停滞だけが要因になっているとは言えないが、バブル期以降ではとくに市民に開くことが積極的に謳われるようになっている。

日本近代住宅の開放化

上記では公共性が比較的高い庁舎建築の開閉を瞥見した。では住宅のような私性の強い建物ではどうだろうか。そこで日本の住宅の開閉性を瞥見してみたい。たとえば2017年に東京国立近代美術館で行われた「日本の家——1945年以降の建築と暮らし」展の住宅の開閉度合いを見てみよう。この展覧会では戦後の住宅を巡って生まれた言説を13に分類し、その分類に属する住宅を模型や図面で紹介するものだった。この分類を示す言説のなかで、3）土のようなコンクリート、4）住宅は芸術である、という2つの分類のなかに現れる建築は閉じる傾向を示している。一方、5）閉鎖から開放へ、6）さまざまな軽さ、の2つに分類された建築は開く様子を示している。ここでの「開」は住宅なので意味的開放ではなく物理的開放を示している。そして開く理由は必ずしも経済不調によるものではない。

　「土のようなコンクリート」は粗々しいコンクリートのテクスチャに言及している言葉だが、そこに分類された住宅には「塔の家」などの閉鎖的な空間がある。この頃から始まる閉鎖的な住宅は坂本一成の

言葉を借りれば、都市という騒音や公害に満ちた危険な環境に対しての要塞のようなものだったのである。「住宅は芸術である」は篠原一男の言説である。当時の篠原は抽象空間を標榜し、比較的開口部の少ない閉じた空間を多くつくっていた。ここでは篠原一男が自らのミクロコスモスをつくるためにも建築を閉じていたのである。「閉鎖から開放へ」は篠原のそうした閉じた空間を、その後継者である坂本一成や伊東豊雄が一旦引き受けながらも、その後外部との関係性を求めて開いていく様を表した言葉である。「さまざまな軽さ」はそうした開放への願いが物理的に構造を極小にして薄い皮膜を纏う方向へ向かった結果と言えるであろう。

　こうして見ると日本の戦後住宅は閉鎖から開放へ向かったように見える（始まりの時期は「日本的なもの」という分類があり開放的なものも散見されたが）。また昨今、住宅を開くことについて「住み開き」という言葉が生まれている。これは「自宅に住みながら、一部をカフェやギャラリーなどにして開放し、気の合う仲間や地域との交流を図ること」と言われている。そうした場所は上記以外に「料理教室、ヨガスタジオ、語学系教室、お店」などにも使われている。そうしたことが現れてきたのには趣味を収入にする、コミュニティをつくるなどのいくつかの理由が存在している。これらは一見経済の停滞、災害などとは関係はないように見えるが、市民意識としての相互扶助の感覚や趣味を収入に変える発想は経済停滞や災害と無縁ではない。このように建築は少なからず経済停滞や災害の影響も受けて、20世紀から21世紀に向けて閉鎖系から開放系に向かっていると言えるだろう。

2つの空間の共存

さて、ここまでに建築の開放化の流れとして2つのビルディングタイプの例を瞥見した。ここで違う角度からの開放性への指摘を見てみたい。藤森照信は日本近代建築史において、建築が社会に開いたり閉じたりする様をこんなふうに言う[6]。「日本の近代建築史で若い建築家たちが社会を捨てる時があり、最初が分離派。佐野利器が耐震、耐火で都市を変えようという時に堀口捨己は『建築の非都

市的なるもの』を主張して私的領分に閉じこもる。次は戦後丹下を先頭に公共建築から住宅までを都市に開いてく時代に、磯崎、原は自閉し自らの世界を構築し、それに安藤、伊東が続く。つまり建築は開放、自閉の2極を往来する」

　そんな歴史を振り返ると着実に開かれてきている建築が突如閉鎖する可能性がないとも言えない。

　また南後由和は近著『ひとり空間の都市論[7]』のなかで、つながりを求め開く傾向のある現代社会におけるひとり空間の意義（比較的閉じた空間）を論じている。著者は漫画『孤独のグルメ』を題材に人は本来孤独を欲しており、そのひとり空間が都市風景を構成しているとする。歴史をひもとけば鴨長明の方丈庵も「ひとり空間」である。また昨今のひとり空間はヴァーチャルなネット空間と接続していて物理的なひとりが意味的にはつながっているとも指摘する。ここで南後はひとり空間の実態を解き明かしながら「つながり」や「コミュニティ」だけで都市が構成されているわけではないことを明らかにする。

　この本のなかで紹介されているイーフー・トゥアンの『個人空間の誕生——食卓・家屋・劇場・世界[8]』では、近代が社会をセグメント化してきたということを家や劇場の構造を例に明らかにする。つまり近代は芸術における対象物を明確に対象化した。演劇であれば近代以前、観客と役者の境界線はなかったのに対して、役者を対象化してそれを見つめるステージをつくり上げた。また家庭の食事において人は食べ物を対象化して、それに対する食べ方（マナー）を決め、それに則り食事をするようになり、そのための空間（食事室）を整備した。イーフー・トゥアンの著書には記されてはいないが、クラシック音楽がコンサートホールでお金を取って人に聞かせるようになるのも、美術品がパトロンの手から離れ美術館という制度化された場所で一般の人の見る対象になるのも近代においてである。このように近代において人々はさまざまな行為の対象を対象化してそのための空間をつくり上げてきたのである。さらに住宅で言えば、居間という人とつながる場所と対照的に、自らを対象化できる個室がプライバシーという概念も強化するのである。

　これに対して21世紀はこうしたセグメント化された空間を瓦解して

空間をつなげ始めた。観客と演者の境界をとりはらうイマーシブシアター、機能分化を嫌うワンルーム的な住まいなど、個の重視よりつながりが求められているのだと思う。しかし南後も言うように、一方でひとり空間は厳然と存在するし、意味のあるものとしてなくならない。開放空間と同様に閉鎖空間も存在しているということである。

　以上現代建築のハビトゥスとしての建築の開閉性について述べた。開閉性はおおむね閉じたところから開く方向へ進んできたが、すべてが開放系へ向かうということではなく、閉じる空間も共存することで全体がバランスしているというのが実態である。

4　野田義昭『庁舎建築における市民が集える場所の研究』(東京理科大学卒業論文、2012)

5　『日本の家──1945年以降の建築と暮らし』(新建築社、2017)

6　磯崎新、藤森照信『磯崎新と藤森照信のモダニズム建築談義』(六耀社、2016)

7　南後由和『ひとり空間の都市論』(筑摩書房、2018)

8　イーフー・トゥアン『個人空間の誕生──食卓・家屋・劇場・世界』
　　(阿部一 訳、ちくま学芸文庫、2018)

建築の自律性と他律性
Architectural Autonomy and Heteronomy

自律建築の系譜

前項1-1では建築の開放性と閉鎖性について検討した。それは建築理念を紡ぐ前提としての建築的ハビトゥスの現状認識がここにあると考えたからである。本項ではそうした開閉に関わる開閉性を包含する概念として建築の自律性と他律性について検討を加えてみたい。「建築が自律している」とは建築が建築以外のいかなる要素からもその成立のための影響を受けていない状態を言う。

　たとえば建築を決定する要因は現代では機能的要求、環境的要求、構造的要求、そして前述したように社会的な要求というものも挙げられるであろう。しかし自律的建築とはそうした要求による影響を最小限として建築が建築それ自体に内在する原理によって成立している建築のことを言う。極端なことを言えばそれは大きな空隙を孕んだ芸術作品という言い方も可能である。しかしいくら自律的建築とはいえ、建築であるからには最小限の上記の要求を受け入れている。そこで、そうした相対的な自律的建築をここでは自律的建築と呼んでみよう。そうするとモダニズム建築の始まりとは自律的建築を目指していたと言えるであろう。

　モダニズム建築は物理的には、その前世紀に始まる産業革命によって生産可能となった大量の鉄骨やセメントによって生まれた新しい構造システムやエレベーター、エアコンディションなどの機械設備を基盤としている。しかしモダニズム建築を規定したのは必ずしもこうした物理的条件だけではない。デザインの下敷きとなる考え方

を決定づけたのは、それより1世紀余り前に登場したイマヌエル・カントらによって確立された近代美学にあったと言える。

　カントの思想は神からの独立と人間の自律を促すものだった。この自律の思想はその後の近代造形芸術においてジャンルの自律性につながっていく。建築的に言えば建築は建築特有の属性を駆使した（3次元的な空間）芸術であるということである。またカントは質料と形式に対する形式優位の考え方をもっていた。絵画に応用すれば重要なのは色（質料）ではなく輪郭（形式）であると明言している。建築的に言えば重要なのは素材ではなく形（空間）だということである。

　そこでカントの自律性概念は近代建築に次のような影響を及ぼしたと言えるだろう。すなわち建築はそれまで絵画や彫刻と一体となった総合芸術であり、外壁内壁には多くの彫刻がつき、天井にはフレスコ画が描かれていたものが、そうした絵画や彫刻は取り外され、建築は平滑で規則的で大きな空間を内包した箱（形）となったのである。そしてその箱は建築以外の影響をあまり受けない。まず彫刻や絵画と一体化するということはなく、人が心地良いことや、使い勝手や、周囲との馴染みの良さなどはあまり問題とされなくなるのである。

　この自律した箱はモダニズム期にはその中心的役割を担うが、1970年代あたりから疑義が提示され始める。それを最初に示したのはロバート・ヴェンチューリで、彼は建築における意味を重視した。[10]言い換えれば彼は建築を建築そのものとしてではなく、建築を人間が受容することを通して生み出される副次的な産物（意味）を通して考えようとしたのだった。

　そしてその副次的産物を建築の成立の大きな要因として捉えるということは、建築を他律的に成立するものとして考えることに他ならない。以下で詳述するが、こうした考え方は日本にも流入し、形を重視した自律的な箱を建築と捉えるのをやめて、むしろさまざまな外的要因が入り込み、それらを受け入れ、それらを建築が成立する要素として包含する新しい建築が提示されるようになるのである。

日本における設計論の流れ

次に日本における建築設計論の流れをひもといてみよう。明治維新後の日本には西洋建築が移入され、その最初の教師としてジョサイア・コンドルが来日する。そして彼のもとで学んだ日本の最初の建築家である辰野金吾、片山東熊らが登場する。彼らはコンドルのもとで忠実に西洋建築の様式を習得し、それを自分たちなりに応用していった。そうした彼らの数世代後に西洋的規範を一度離れ、建築の美をその構造の芸術性のなかに見出す建築家が登場する。それが後藤慶二、森田慶一などである。彼らは建築の本質が構造にあるとしながら、しかしその構造の成立は合理や科学によるのではなく、感性や芸術性によるものと考えた。これは建築に内在する論理に建築を位置づけるもので、カントに端を発した自律的建築を追う姿勢と類似するものである。こうした考えはその後の日本の近代建築に散見されるが、その系譜を追うのは本論の目的ではない。しかし自律性の思考が日本の近代建築初期に見られたことは確認しておきたい。

さて戦後この建築の自律性、他律性が建築家の思想にどのように現れたかを見るために、日本における主要な建築設計論を並べ、そのなかに拙著もおいてみたい [fig.2]。

これを見ると世紀の変わり目頃までは建築それ自体を対象にして設計論が書かれている。そのなかで菊竹清訓や篠原一男らの論理はその姿勢が顕著に読み取れる。彼らの設計態度は菊竹が『か・かた・かたち』において述べるように建築の基本原理としてかたちを生産することに基礎をおき「空間は機能を捨てる」と主張した。篠原は建築空間を機能空間、装飾空間、象徴空間の3つに分類し、そのなかでも象徴空間の生産に力を注いだ。2人の生産するかたちと空間は建築固有の自律的原理であり、建築外からの他律的な影響を極力排除するものだった。

さてそれに対してポストモダン頃（1980年代後半）から建築自体を議論することへの疑問が提示され、長谷川逸子、伊東豊雄を含めてそれ以降の人は比較的建築自体から他の領域へ建築の根拠をずらしている。伊東の著書のタイトルは『風の変様体』である。それ

は建築の生成の根拠をメタフォリカルに風という他律的な要素に求めるものである。そして隈研吾の『反オブジェクト[11]』に至っては建築それ自体を美しくオブジェクトとして賛美する姿勢を放棄すると宣言す

1964	槇文彦	INVESTIGATIONS IN COLLECTIVE FORM
1967	原広司	建築に何が可能か
1967	黒川紀章	行動建築論　メタボリズムの美学
1969	菊竹清訓	か・かた・かたち
1970	丹下健三	人間と建築
1970	篠原一男	住宅論
1979	磯崎新	手法が
1979	白井晟一	無窓
1980	槇文彦	奥の思想
1984	石山修武	秋葉原感覚で住宅を考える
1996	香山壽夫	建築意匠講義
1999	長谷川逸子	生活の装置
1999	伊東豊雄	風の変様体
2000	隈研吾	反オブジェクト
2004	青木淳	原っぱと遊園地
2008	坂牛卓	建築の規則
2009	アトリエ・ワン	空間の響き／響きの空間
2010	中村拓志	微視的設計論
2011	長谷川豪	考えること建築すること生きること
2011	坂本一成	建築に内在する言葉
2011	平田晃久	建築とは〈からまりしろ〉をつくることである
2012	坂本一成、塚本由晴 他	建築構成学
2012	吉村靖孝	ビヘイヴィアとプロトコル
2013	内藤廣	形態デザイン講義
2014	藤本壮介	原初的な未来の建築
2014	北山恒	北山恒の建築空間
2017	坂牛卓	建築の条件
2020	坂牛卓	建築の設計力

	建築の自律性に根ざした建築設計論
	建築の他律性に根ざした建築設計論
	他律性の時代に自律的な建築設計論

fig.2　戦後日本の設計論

るわけである。この姿勢はおそらく当時の多くの建築家が共有するものであった。

　たとえば篠原一男のもとで篠原スクールと呼ばれた建築家である既述の長谷川逸子、伊東豊雄、坂本一成らは、当初は篠原の形式的自律性に対してある程度の理解を示すものの、その後彼らは形や空間への信頼を喪失し、場所やプログラム、環境、人の行動などの建築における他律的な側面を重視するようになる。そして彼らの後を追うように多くの建築家が場所論を語り、プログラムを重視する他律的な時代へと進み、21世紀になるとサスティナビリティという抗えないテーマが現れるのである。

　しかしどんなに他律的になろうとも建築家は最終的に建築を設計して設計図を描き建築自体の設計を行う。その意味では彼らの思考のなかには建築自体の設計方法が存在しているはずである。しかし他律を標榜する多くの建築家はそのことに言及しないか、してもそれは設計の出発点ではないと主張するのである。そうした状況下で建築形態を設計論として提示していた数少ない建築家の一人が内藤廣だったであろう。そして内藤廣同様、藤本壮介、長谷川豪といった建築家の設計論も建築自体への探求の姿勢が見られる。また基本的に他律を標榜する坂本一成は昨今の社会性（他律性）を重視した建築を「行き過ぎている」として警鐘を鳴らしている。

　以上建築の自律性・他律性について見てきた。ここでは自律から他律への大きな流れが読み取れる。しかしここでも開閉空間の共存が示すように、他律がすべてを覆い尽くすということでもなく、多寡の差はあるものの自律・他律共存の姿が見て取れよう。

9　イマヌエル・カント『判断力批判』（熊野純彦 訳、作品社、2015、原著：1790）
10　ロバート・ヴェンチューリ『ラスベガス』（石井和紘・伊藤公文 訳、鹿島出版会、1978）
11　隈研吾『反オブジェクト——建築を溶かし、砕く』（ちくま学芸文庫、2009）

1-3

建築の広告性
Advertisingness of Architecture

ここまで現代建築のハビトゥスとして建築の開放性・閉鎖性、自律性・他律性について検討した。それらは建築をつくる側から見た創作思考のハビトゥスと言えるものである。そこで次に建築を受容する側から見たハビトゥスと言えるものがあるかを考えてみたい。建築制作を考えるうえで建築の受容を考える理由は、建築を制作するときに建築がどう見えるか、どう受け取られるかを同時に考える必要があるからである。別の言い方をすると、建築の現象を考えるということである。しかし逆説的だが、ここで問題としたいのは「建築は常に現象するわけではない」ということについてである。

　ワルター・ベンヤミンは都市を構成する主要なエレメントである建築やモードや広告が人々の夢のなかに沈潜しており、常に覚醒した意識のなかに現れているわけではないことを指摘した。ベンヤミンのその言説をもとに広告について分析した北田暁大『広告の誕生』[12]は建築が我々の意識にどのように現れてくるかを考えるうえで示唆に富む。同書の特徴は、広告という世の中に氾濫していながら我々が普段あまり意識していない存在が、どういう契機で意識上に現れるかを分析しているところにある。私がここで注目するのは広告のこの不可視性である。というのも、この不可視性は建築にも通底するものであると考えられるからである。つまり建築も広告同様に常に見えているようで見えていないのではないかと思うのである。北田は、朝家を出て、夜帰宅するまでの間に私たちは数百という広告を視界のなかに入れているはずだが、そのほとんどが意識に残っ

ていないと言う。私は建築も同様、1日のうちに多くを視界に入れていながら、それらはほとんど意識に残っていないと思うのである。つまり建築は北田が言う広告とほぼ同じようなものなのである。

そこで建築についても広告同様どのような契機で見えてくるのかを分析することが建築の特性を検討するうえで重要であると思う。この本は著者自らベンヤミンの注釈的本であると言うようにベンヤミンの広告を取り巻く言葉に注目する。そして広告が人々の意識下にある一方で、人々の意識上に強引に飛び込んできて我々を「目覚め」させることもあるという。

さてベンヤミンは建築やモードにも広告同様の不可視性を見ながらも、その現れについては言及せず広告に特権を与えている。つまり広告のほうが意識に現れやすいと考えている。その理由は同書には語られていないが、おそらく建築は広告と異なり生活環境の「地」として強固なものとなっており「図」として現れにくいのだろうと想像する。そう考えると広告よりも現象しにくい建築を人々の意識に現出させるのは工夫がいりそうである。そして我々は建築が人々に現出してほしいと願うものの、広告のやり方を見習うわけにはいかない。広告は人々を覚醒させるために過剰な刺激を与え続ける傾向がある。建築においても同様な方法で過剰な刺激を生み出す建築がある。しかし皆がそうした方法を取るのは危険であろう。それは我々の建築環境が、広告の世界に見られるように刺激にあふれた世界になることは我々の感覚を麻痺させてしまう危険があると考えるからである。そうではなくごく自然に、しかし明快に建築が意識の上に現れるように人々を覚醒させられる方法を考えていかなければならないだろう。

12 北田暁大『広告の誕生——近代メディア文化の歴史社会学』(岩波書店、2008)

2

建築理念
Architectural Principles

前節で建築のハビトゥスとしての開放性・閉鎖性、自律性・他律性、広告性の話をした。それらはどれも建築理念を紡ぐうえでの前提である。次にそれをもとにした建築理念を説明するのが話の順番なのだろうが、その説明をするためにまず建築という概念の基本的構成要素について説明したい。その後に最近それに加えたいと考えている新たな要素について説明を行い、この新しい要素が前節「建築のハビトゥス」と密接に関係しており、それゆえに私の現在の建築理念としてその要素が重要であることを追って説明していきたい。

2-1

建築は物と間である
Architecture Consists of Space and Thing

　私は2008年に『建築の規則[13]』なる書を上梓した。そのなかで建築の構成要素について述べている。それらは「物」と「間」という2つであった。ここで物とは床、壁、天井をはじめ空間を囲い空間を生み出す物体すべてを指している。一方でこの物体に囲まれた場所は内外を問わず、それは間と定義した。

　私たちは設計図に向かって図面を描くが、描いている部分（黒く塗りつぶされる部分）は物である。しかし私たちは物をつくると同時に、それら物で囲まれた間もつくり上げていると言っていい。そこでこれら2つの概念について歴史的に振り返ってみたい。

　まず「物」を歴史的にひもといてみよう。哲学者、四日谷敬子は物の優位を説明するのに、ウィトルーウィウスの昔から空間が建築の重要な概念ではなかったことを説明する[14]。ウィトルーウィウスの『建築論[15]』では建築の3つの立脚点を用・強・美においた。そして、その美を生み出す原理として、「シンメトリア：部分と全体の関係」「ディスポジシオ：物の配置」「ユーリトミア：視覚的リズム」が示されているが、これらは物体の配置、構成の原理である。そしてその根底には数比が存在していた。そしてその数比は、その後ルネサンスのアルベルティの『建築論』でも重要な美を生む要素として取り上げられている。その後のバロック、新古典主義においても物が建築論の基礎であり、空間への言及は19世紀後半のヒルデブラントを待つことになる。

　その後モダニズム期になると空間が建築の主軸の概念に据えられるが、バウハウスのラースロー・モホリ＝ナギは物を建築の主要な

要素として再考した。著書『材料から建築へ[16]』は建築における素材の原理を詳述する。またバウハウスでは建築以外の分野でも物の原理は重要で、三井秀樹によればバウハウスの造形の文法教育は造形を形体、色彩、材料、テクスチャに分けて教えていたという。ここではウィトルーウィウス以来の物を数比で把握する態度は示されず「色彩・材料・テクスチャ」という「物」の質料性に視点が移動している[17]。古代から現代までの物を見ると、おおむねそこには物を量的側面（数比）から捉える問題意識と、色やテクスチャなど質料的側面から捉える問題意識があることが分かる。

　次に「間」について検討してみよう。間（空間）はヒルデブラントの『造形芸術における形の問題[18]』でその存在に注意が向けられた。その後 G.ギーディオンの『空間・時間・建築[19]』によって普及し、モダニズムの最重要概念に位置づけられていく。しかるにそれがハイデッガーにより、空間の質を支配しているのは空間それ自体のみならずその場所であり、また空間の中にある物でもあるというふうに批判されることになる。

　空間と物の二項対立について上松佑二『建築空間論[20]』は詳細に論じている。そして上松は最終的には建築体験の本質を建築内部の空隙に入ることを前提として空間に求めている。しかし建築体験は建築を外から眺めるときにも起こるし、車や電車で脇をすり抜けるときにも起こる。また建築の内部空間体験においても必ずしも空間体験だけが体験の主流ということもなく壁面や天井、階段や手すりといった建築要素の物質性に感動することもある。つまり建築において物と間という2つの要素は常に並存しているものであり、どちらを優位と捉える権利も必然もなくそれはケースバイケースで変わるものと考えて良いと思う。

　建築の本質的要素で建築家が図面に表記するのは物である。物のあるところ、つまり建築部位である床、壁、天井、基礎、屋根の部分を図示するわけである。しかし結果としてそうした部位の間であるところの空間も設計しているのであり、その空間を人は使うことになる。図面にはその空間に居間、食堂、厨房などの名前をつけているのだから設計とは「物」を描きながら「間」を計画している

と言って良いだろう。まとめると建築とは古来「物」であり、近代に入り「間」もそれに参入してきたと言うことができる。

13　坂牛卓『建築の規則——現代建築を創り・読み解く可能性』(ナカニシヤ出版、2008)

14　四日谷敬子『建築の哲学——身体と空間の探究』(世界思想社、2004)

15　ウィトルーウィウス『ウィトルーウィウス 建築書』(森田慶一 訳、東海大学出版会、1979)

16　L.モホリ゠ナギ『材料から建築へ』(宮島久雄 訳、中央公論美術出版、2019)

17　三井秀樹『美の構成学——バウハウスからフラクタルまで』(中央公論新社、1996)

18　アードルフ・フォン・ヒルデプラント『造形芸術における形の問題』
　　(加藤哲弘 訳、中央公論美術出版、1993)

19　G.ギーディオン『空間・時間・建築』(太田實 訳、丸善、1969)

20　上松佑二『建築空間論——その美学的考察』(早稲田大学出版部、1986)

物と間に流れを加える
Add Flow to Space and Thing

物と間を建築の本質と捉えてから10年近く経ち、今私はこの定義に一つの修正を加えようと考えている。それは物と間以外に建築を構成する重要な要素に気づいたからである。その要素とは物と物の間、あるいは物に穿たれた穴を通り抜ける光、風、音、匂い、人、動物、家具などである。これらは建築に頻繁に登場するけれど設計図に描き込むものではない。その意味で建築の一部ではないのだが、建築はこうした動く要素（これをここでは「流れ」と呼んでみたい）によってその様相を大きく変える。その意味でこれらの流れを建築の構成要素として位置づけてもいいのではないかと考えるようになった。

　この流れという要素は建築に必然的に登場するものの、建築の本質とは思われてこなかった。それゆえこの要素を建築の一部とするというのはいささか乱暴だという気もする。しかし前節で見てきたように現在の建築理念を紡ぐ前提である建築的ハビトゥスは建築の開閉性、自律・他律性などであった。これらを前提に建築を考えるとき、建築は周囲と概念的にも物理的にも、いかにつながるかつながらないかがその性格を決定する臨界点となるわけである。

　そのとき流れは建築を他とつなぐ要素として不可欠な概念と思われる。そこでここからは私の建築概念の基礎的構成要素として物と間に流れを加えたいと思う。しかし現段階ではこれを一般論とするのは時期尚早なので、あくまで「私」の考えとしておこう。つまり建築の設計力を形成するメカニズムにおいて流れは著者の考え方であり、この部分に読者なりの別の建築構成要素を挿入することも可

能である。しかし著者がこのようにして理念を発展させている様子は参考にしていただきたい。

　ではこの流れとはいかなるものだろうか、それらは人、視線、風、光、熱、音、匂いなどと言い換えることができる。流れは図面には記さないのだが、そうした目に見えにくい流れも建築家は計画していると言っていい。そしてそれは「流れも」という程度の付加物ではなく、むしろ建築のかなり本質的な部分ではないかと思う。

　さらにそれに拍車をかけたのは生物学の分野では常識的となりつつある「動的平衡」の考え方である。これは福岡伸一の著書『動的平衡[21]』で一躍有名になった言葉である。これを一言で言えば生物の生命はそれを包む殻（細胞膜）によって保たれているのではなく細胞膜の中の流動体が細胞間で平衡関係を保つことで維持される。あるいは生物とその環境の間には平衡関係が保たれているという考えである。

　人間の体の細胞は数年の間にすべて新しいものに入れ替わるのであり、それを可能たらしめているのは流動体なのである。生物はその流動体によって成立している。これは建築を考えるうえで示唆的である。もちろん建築は生き物と違って数年でその殻を成立させている材料が入れ替わるようなものではない。よって流動体がなければ壊滅してしまうというものではないのだが、環境の一部として流動体が通り抜ける場に位置づけることは可能であろう。

　つまり建築に人、視線、動物、光、風などが出入りし、建築が環境を構成する一部となり得るということである。そしてそうなるとそれらの流動体が建築という殻にとって重要な構成要素だと言えるのである。建築もある意味生物と同様にその中の流れをその本質的要素として位置づけるべきであると考えるのである。

21　福岡伸一『動的平衡——生命はなぜそこに宿るのか』（木楽舎、2009）

2-3

流れ
Flow

建築は物と間と流れという私の認識から出発してみよう。そこで建築の開閉性、自律・他律性という問題系の上に建築理念を構築できるかを考えてみたい。ここで重要な要素は、私が新たに建築要素として加えた流れである。これは物と物の隙間や物に開けられた開口を通り抜ける。つまりこの流れが外部から大きく入るようにつくられていれば、この建築は物理的に開放的である。入ってくるものが単に光や風だけではなく多くの人であれば、それは意味のうえでも開放的ということになる。つまりこの流れの量と質が開放性と閉鎖性を決定づけていると言える。

　もう少し細かく見てみよう。流れは闇雲に起こるわけではなく、人の通る流れならそれは廊下やコンコースなど建築ではある程度の想定が行われる。光・風・熱などについてもトップライトや窓、窓の開閉などを操作することでそのルートが決まってくる。つまり物を制御板あるいは開口として設置することで流れのルートがつくられる。たとえば、人は入り口から建築に入り込む。そのとき入り口が大きければ大きな流れを受け入れるであろう。逆に小さなものであれば少量の流入しか期待できない。また大きな開口があってもそれがフィックス窓であれば光は入っても風や匂い、音は遮られる。吹き抜けでも同様なことが起こるだろう。このようにして人や視線や光や風の流れを制御して、建築の中における現象の変化を誘発する。そしてこのように建築自体のみならず、そこに生まれる流れにも注目することで建築を開放的にも閉鎖的にもできるのだと考えている。

こうした視点は私のオリジナルというわけではない。そもそも建築を物の存在だけではなく、その現象に注目する態度は20世紀初頭に登場してきた現象学的な認識論によって生まれたことである。またそうした哲学の影響を受けたハイデッガーは建築の場所性に注目していた。それは建築自体からその他の要素に目を向けさせるきっかけをつくったと言える。また昨今の美学の一つの傾向として、「雰囲気」のもたらす美的効果への注目も建築における建築以外の要素への眼差しを強化しているように思う。また建築のなかでは原広司が有孔体理論[22]において建築における人や熱、空気などが通り抜ける孔に注目している。また、伊東豊雄は『風の変様体[23]』を著した頃から流れを強く意識していたと聞く。さらに既述の通り昨今の生物学における「動的平衡論」は生き物はその殻（細胞）によって成立しているのではなく、その殻を行き来する流動体によって成り立っていると主張する。

　こうした先人の知恵が私の考えを補強している。しかし重要なのは物・間・流れのどこか一つに偏ることなく、すべての要素で建築を考えていくバランスである。さらに後述するが、流れという概念は自動的にその対概念である「淀み」を招来し、「流れる」ことと「淀む」ことというセットで建築の質の幅を広げることが可能となることに注意を向けていきたい。そしてこの流れと淀みという考えはどのような環境やプログラムに対しても、建築である限り共有し、考えるべきテーマという意味で理念足り得る思考であろうと考える。では次に流れを建築理念として位置づけるに至る経緯について述べてみたい。

建築は世界とつながる窓

私が独立して最初に受けた仕事は住宅である。若い建築家が最初にする仕事としては普通のことである。今まで数万m^2の建物を設計してきた若い建築家が100m^2程度の家を設計するのに費やした労力はほとんど同じであった。というのも、どのようにしてこの仕事をしたらいいものやらその方法を見つけるのに時間がかかったからである。まさしく私がこの本で書いているような建築の設計の本質を最初に考えたのがこの頃だったのである。「世界」とは何かを考

えて、それに対して建築とは何かを模索して、住宅とはこうあるの
だろうというある考えのまとまりをつかみ取るまでにひどく時間がか
かったわけである。

　そしてそのとき行き着いた結論が「窓」を設計することだったので
ある。その考えにはもちろんリニアに行き着くわけもなく、複数の考
えの基点から「そのあたり」にたどり着いただけである。そうしたルー
トの一つは「建築にとって重要な部位は何か」という問いに始まる。
というのも、最初に勤めた事務所にいた先輩たちがよく「壁派の建
築家」「柱梁派の建築家」なんていう言い方をして建築家の部位へ
のこだわりでその建築家の作品の傾向を分類していたのを聞いてい
たからである。では私はどちらだろうかと考えてみたときに別にどち
らでもないなと感じた。それは建築を形の問題に矮小化していると
感じたからである。

　その頃は明らかに建築は形の問題ではないと考えていた。しか
し建築は形として現れてくる。もちろん建築の部位にも形がある。さ
てどうしたことだろうか、答えが見つかりにくいと思ったときに建築
の内外をつなぎ合わせ、人間がそこを通り抜けたり、視覚的にその
存在を感じさせる、あるいは人間だけでなくそこにあるさまざまな存
在が染み出す部位としての「窓」に建築を考えるきっかけとしての可
能性を感じたのである。

　この窓へのこだわりは1章1-2で述べた建築の自律性・他律性
の問題に当てはめて考えてみるなら、建築が形という特性を主軸
に据えて建築固有のジャンルを確立（自律）していたというモダニズ
ム初期の考え方から逸脱するものである。そして窓を通して入り込
む建築外的要素に建築を託し、建築を他律的なものとして捉えて
いたわけである。しかしその時点で他律性と整合的な開放性、社
会性に関心を寄せていたかというと、そんなことはなかった。しか
し独立した世紀の変わり目の頃に抱いた窓への関心は事後的に考
えてみるなら、流れをそこに見ていたということだったのである。

新鮮さ

建築の窓という部位に注目していた私は、ほぼ同時期に建築の「新鮮さ」についても考えていた。建築は土地の上に固定されたものである。それ自体が自動車のように動くことはない。キャンピングカーのように自動車が建築的な機能をもつ場合もあるが、それをここでは建築とは考えない。こうした固定されたものの宿命は、その姿が短期的にも長期的にも大きく変わることなく不動のものという点である。建築というものはそういうものであるから、あえてこのことを取り上げても仕方がないとも言えるが、あるとき自分の建築体験においてこのことが重要になった。

学生時代の恩師、篠原一男の「上原通りの住宅」を2度ほど見学した。篠原先生の作品を見るのは住宅なので簡単ではないのだが、希望者がある程度たまると見学会が開かれ、そこについて行くことができた。上原通りの住宅はファサードに現れたY字形に伸びた構造体が特徴的である。この構造体は建物の内部空間にも現れている。そんな構造体は下手をすると頭をぶつけそうである。私がそのことを恩師に尋ねると、師は「人は建築に慣れるので心配無用である」と答えた。

この「人は建築に慣れる」という言葉がその後気になり続けた。人が建築に慣れてしまうということは、人は建築から新鮮な感覚を得られなくなるということではないかと考えた。つまり建築には賞味期限があるということなのかとやや暗鬱な気持ちにさせられた。そして賞味期限のない建築はつくれないものかと考えるようになったのである。

その結果こんな考えに至るのである。建築とは既述の通り動かず変わらないもの。一方、建築の外部にある木や空や猫や犬や人や自動車、目を転じて建築の内部にある家具やペットの犬や猫や人、これらはすべて昨日と今日では違う場所に違う雰囲気で存在しているのだ。そこでこんな比喩で両者を言うことができるだろうと思うのである。建築はヴィデオに録画された映像。これは今日見ても明日見ても同じものである。一方建築内外部で変化するものはライブ映像。これは今日と明日では違うものである。そしてヴィデオ映像

とライブ映像を比べてみると言うまでもなくライブ映像のほうが新鮮さを保っていると思うのである。

つまり建築の新鮮さを保つにはこうした建築以外の要素を建築の中に視覚的、あるいは実態的に取り込むことなのだと感じるようになったのである。逆に言うと建築にこうした要素を取り込むことで建築は新鮮に保てる。そしてこうした要素とは前述した流れということであり、他律的な考え方と言えるのである。

まちをこじ開ける

2005年から6年間、私は信州大学で働いていた。信州大学周辺のシャッター商店街は当時言うまでもなく閉鎖的だった。一体どうしたらこのシャッターを開けることが可能かと大学の製図の課題でも取り上げたテーマだった。地上レベルの閉鎖感が街路の活気を奪うのは東京でも起こることであり、建物が道に開かれていない街路の味気なさ、人間味のなさを改善したいと思ったのである。そんな頃3.11のテレビ報道で、まちにあふれる人々を受け入れる建築と拒否する建築の対比を目の当たりして愕然とした。こうした経験を通して、まちを開けばそれによって楽しい道が生まれ、緩やかな地域の紐帯が形成されるだろうと思うに至った。

そんなとき（2012年）に塚本由晴とアルゼンチンのパレルモ大学でワークショップを行い、そのときのテーマを「アルファースペース」とした。これは東京都新宿区荒木町の木密地域に住宅を設計して、その住宅に公共的なプラスアルファのスペースを挿入しなさいという課題だった。この課題の意図はプライベートな住宅をこじ開けるというものだ。こうしてできる住宅の公共的な部分は昔の縁側のようなものである。それは完全に公共的にはならないまでも、知っている人なら気軽に寄れるくらいの場所にはなる可能性をもっている。これも流れが建築を変化させる（活性化する）事例である。

こうして物・間・流れを使い流れを制御することで建築をつくっていけるのではないかという認識に至った。加えてそうした操作が建築を開き、公共性を帯びることも重要なポイントである。このように建築における流れが、建築自体（物、間）に劣らず重要要素になる

ということは建築が他律的になっているということでもある。私が紡いだ建築理念はこの時点で流れに重点をおいて周囲に開き、他律性を帯びることであった。

22　原広司『建築に何が可能か──建築と人間と』(学芸書林、1967)
23　伊東豊雄『風の変様体──建築クロニクル』(青土社、1999)

2-4

淀み
Stillness

さて建築を開き他律的な建築に傾いてから数年後、自分のなかで
建築が少し変わり始めた。その変化に気がついたのは変わり始め
てから5つくらいつくった後のことである。それまで建築の流れを表
現するのに外壁、内壁を問わずさまざまな開口を穿っていた。その
開口に建築以外のものが現れてくることで流れをつくり、流れを感
じられると考えたのである。しかし、あるときその流れをむしろ停滞
させ、淀ませるようなつくり方をしていた自分に気がついた。開口は
開いているのだが、スムーズに流れないような大きさや色や形をそ
こにつくっていた。それは川の流れという比喩で言えば、その部分
は急に浅瀬になっていたり深くなっていたりする。あるいは岩場が多
く白い波が立つ、コケむしていて水と緑が艶やかに光るなど、その
部分に他と異なる様相が現れているのである。こうした流れの変化
のもつ意味についてもう少し考えてみよう。

　流れに淀みができるようなところは流れの速度が遅くなっていると
いうことである。速度の変化はその場所のもつ雰囲気をも大きく変
化させる。スピードは勢いや力を感じさせ、それが若さや元気など
をも仄めかすものとなり得る。逆にスピードが減るということはのん
びりとした安寧、落ち着き、もっと遅ければ静止を感じさせもするだ
ろう。またそうした停滞感や淀みを産む場合、建築は往々にして閉
鎖性を増すであろう。そしてその閉鎖した場所の中に比較的独自の
場が生まれてくるものである。つまり淀むところには周囲とは隔絶し
た自律した空間や世界が生まれやすいのである。

私が当初無意識のうちに行っていたのはこうした淀みを流れの一部に組み込むことであった。つまり流れのなかに不連続な速度の異なる場所を挿入することである。それは別の言い方をすれば、開放的で他律的な空間に閉鎖的で自律的な空間を入れ込むことである。この異質な空間の不連続的な接続の意味するところは、そこを通過する人に感覚の落差を産むということである。これは徐々に自分のなかでかなり意図的に行われるようになったと思われる。開放・閉鎖、他律・自律という両極の性格を連続的に並べた不連続な質の空間の併置が意図するところは、建築理念を紡ぐ前提条件として述べた広告性に関連する。そこで述べたように通常建築は夢のなかにある。その夢のなかにある建築を人の意識のなかに現れるようにして、眠っている人を覚醒させるために人々の感覚の落差のなかに建築を現象させようと試みているのである。

　さて第1章では内面化した「建築」をつくる力と題して、まず現在の建築的ハビトゥスを見極めた。それは近代建築が自律性を標榜したものの、世紀の後半から今世紀にかけて他律性を旨としたものへ移行してきたという認識である。次にそれをもとに自らの建築理念がどのように生成されたかを跡づけた。そこには建築の構成要素の認識としての「物」「間」に加えて「流れ」を重視し、この「流れ」が他律性を目指す建築の要であることを確認した。しかしこの「流れ」は対概念である「淀み」を招来し、再度他律のなかに自律の要素を挿入することにつながることを自らの建築理念として確認した。

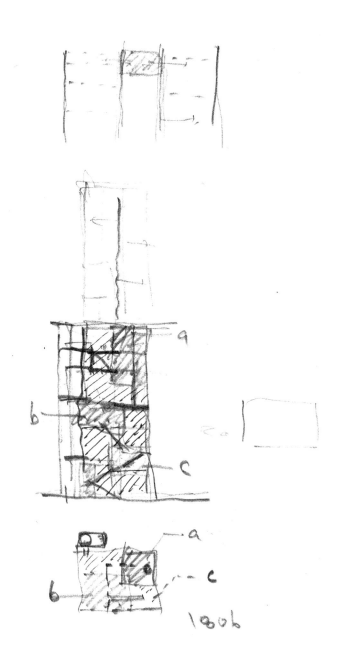

a

g

b

c

b

c

1806

第2章

課題を見つける力

Ability to Identify Issues

　第2章では建築理念を紡いだ建築家が具体的なプロジェクトが始まってから行うことを示していく。それは一言で言えばその建築において問題とする課題を見つけることである。プロジェクトが始まると、建築家には念頭にある理念とは別に個別の具体的要件（敷地・プログラム）が与えられる。そのときプロジェクトは抽象の段階から具体へとステップアップする。まずクライアントは何を求めているのか、何か問題があってそれを解決したいのか、つくりたい希望と予算が整合しているのか、敷地があるのか、あるならばその敷地にクライアントの要求するものがつくれるのか、その場所の建築に絡む法規がどうなっているのか、そしてその法規の範囲内でクライアントの要望は叶うのか。これらの条件整理が終わってから設計作業は始まると言って良い。設計は整理された条件をベースに、プロジェクトで何を目標にして何を達成するのかを課題として見つけ出す作業から始まる。

　そうした課題を見つけ出すために最初に注目すべきは環境とプログラムである。そしてその2つの項目のなかにはさらに多くの小項目があり、その小項目にヒエラルキーを与えてその建築で問題化すべき重要課題を決めていく。そしてそのとき注意すべきはその課題設定に対してつくられる答えが第1章で紡がれた理念に重なってくるか否かを確認しておくことである。紡がれた理念という抽象的な像とプロジェクトの具体的な条件から掘り起こされる具体的な課題が重なることにより、あなたの建築に理念が滲み出るからである。

　そしてさらにこの問いを考えるなかで射程に入れておきたいことは環境・プログラムへの問いをさらに豊かに膨らますことである。そこで我々はこの課題設定をするときに単に与えられたものを咀嚼するのみならず、現在の社会の抱える問題意識を取り込みながら問いを膨らますことでプロジェクトをステップアップするべきである。後に詳述するが、プロジェクトの課題を現代の哲学的課題とつなげることを提案したい。

3 環境・プログラムを問う
Exploring Environment / Program

　既述の通り、我々は建築が建つ環境とクライアントの要求するプログラムのなかに課題を見つけることから始めるのが妥当である。というのも建築はどれ一つとして敷地が同じではなく、クライアントの要望も完全に同じということは少ないからである。よってそこにそのプロジェクト固有の問題を見つけられる可能性がある。

　環境という項目には、建築をつくる敷地そのもの、その大きさ、形、土質に始まり、隣地、前面道路の大きさ、形状、段差、さらには敷地を中心にさらに広範囲の近隣の敷地形状、高低差など、地面の物理的な大きさと形の問題がある。次に敷地周辺の気候帯、気温、湿度、積雪量、降雨量、地下水位などの温熱水環境がある。さらにそのエリアの文化的、政治的、社会的な意味の文脈がある。それはそのエリアの住民の文化状況から人種、政治的な志向、収入などである。また都市計画的な用途地域と物理的な建物サイズの制限、それに伴う敷地の日射、風向などまで環境の意味するところは多岐にわたる。

　一方プログラムとは狭義には建物の用途ということになるがそれにとどまらない。建物の予算、用途の構成、あるいはまだ既成の用途では表しきれないような場合、そこで起こるアクティビティをフローチャートなどで表す新たなビルディングタイプの創出が期待されることもある。また当然そうした新たな用途の場合、使われ方、建物に期待する役割も変わる。そしてそこを使う人間の数、あるいはロボットがそれを運営するならば、そこになければならない人間と機械のインターフェースの仕組みなども含まれる。これからの建物のプログラムは単に資料集成に載っている既成のビルディングタイプを当てはめればいいというものは少なくなっていくと思われる。このように環境とプログラムの幅広い検討項目のなかには新たな建築を生み出す多くの問いが内包されていると思われる。

4　社会の意識につなげる
Connect to Social Awareness

　課題を見つけることはプロジェクトの環境・プログラムのさまざまな項目の重要性にヒエラルキーを与え、そのなかで答えを出すべき重要項目を定めることから始まる。しかし、この作業はプロジェクトをさらに社会とつなげるチャンスでもある。そのためにはこの問いを与えられた環境・プログラムの内容に限定せず、それらに関係する社会一般の問題意識につなげる必要がある。そうすることによってそのプロジェクトのもつ意味をこのプロジェクトの固有性に答えた特殊解とすることなく、社会一般の問題とつながった一般解へと昇格させることができるからである。読者にはそうした社会一般の問題を独自の視線で探してほしい。しかしここでは私の例を示しておく。それらは現代哲学の問題群として小川仁志が提示する感情、物、技術、共同性の４つである。

　以下この４つを順番に説明していく。説明はこれらの問題系の現代的意義を概観し、続いてこれらの問題系とリンクする現代建築家の問いを検討する。繰り返すがこれら４つのテーマの提示は、テーマを通してプロジェクト条件の見直し、それらの交叉部分を課題として掬い取ることで課題の社会化を行うためである。

1　小川仁志『哲学の最新キーワードを読む──「私」と社会をつなぐ知』
（講談社現代新書、2018）

感情を問う
Exploring Emotion

哲学では昨今、物事の判断基準としての理性への信頼が希薄化している と指摘されている。物事を論理的に説明していくのではなく、感覚的に捉え、感覚的に受容することが普通に行われている。政治の世界ではポピュリズムが幅を効かせ、現状を感覚的に否定し自らをカリスマのごとく浮上させる。そして人々はそうしたカリスマに感情的に引っ張られている。また企業の上層部が管理職研修でアートの鑑賞の仕方などを学んでいる。20世紀モダニズムはその前の理性の時代の延長上にあり、科学を下敷きとした論理性によって根拠づけられていたが、モダニズムへの反省によって論理性の部分を感情に置き換える操作がこの反省の末に発生している。そこでこうした感情を問う昨今の状況を見ていきたい。

感情の時代

『世界のエリートはなぜ「美意識」を鍛えるのか？ ——経営における「アート」と「サイエンス」[2]』という書がある。この本のなかにこんな文章がある。

　「グローバル企業が世界的に著名なアートスクールに幹部候補を送り込む、あるいはニューヨークやロンドンの知的専門職が、早朝のギャラリートークに参加するのは、こけおどしの教養を身につけるためではありません。彼らは極めて功利的な目的で『美意識』を鍛えているのです。なぜなら、これまでのような『分析』『論理』『理性』に軸足をおいた経営、いわば『サイエンス重視の意思決定』で

は、今日のように複雑で不安定な世界においてビジネスの舵取りをすることはできない、ということをよくわかっているからです」

ビジネスの世界で論理性に対して感性が意思決定に重要であるという認識が生まれている。

また美を扱う哲学である美学においてはこんなことが起こっている。美学はそもそも論理性を構築する論理学に対して感性的認識の学問として生まれたものである。しかしこの学問はきわめて論理的に行われてきた。これに対して昨今、感性的認識の学としての美学を再考する動きがある。一例としてヴォルフガング・ヴェルシュの『感性の思考——美的リアリティの変容[3]』を見てみよう。ここで著者は美学が感性の学に立ち返るべきことに加えて、美学の対象として感覚的現象それ自身の構造も挙げている。学問的に再度感性を論じる風潮も生まれている。

少し前の建築界では「かわいい論争」があり、かわいい建築なるものが議論された。真壁智治の著した『カワイイパラダイムデザイン研究[4]』では「かわいい」と呼ばれるデザインについて論じている。「かわいい」は幅の広い形容詞で、さまざまな意味が込められている。真壁は「かわいい」がデザインに使われていることに気づいたときの様子を次のように説明している。大学の建築学科の学生制作品の講評会に呼ばれて行ったところ、女子学生の説明する言葉の意味がよく分からず極めて感覚的な言語表現であることに驚いた。その代表的な言葉が「かわいい」だった。そこでこの感覚的な思考を考察するべくこの本を書いた。それはこの感覚的思考から生まれるデザインが時代の感覚をよく表すものとなっていると感じたからだそうだ。

またフェイスブックの「いいね」が爆発的に世界に広まったのも良い悪い、好き嫌いというような原初的な感情を簡潔に表現できる場が与えられたからである。

さらに感情の時代を象徴する事件はドナルド・トランプなどの反知性主義者の政界での人気にも表れている。反知性主義というものは単に感覚で物申すということではなく、根っこは知性優先の政治が必ずしも人を幸せにはしないということへの反省からきている。

よって場合によっては知性を攻撃し社会を豊かにしようという発想である。そしてそのベクトルがどこを向いているのかはケースバイケースなので、私には反知性主義すべてを受け入れることはできない。しかし知性に対して今疑問が投げ掛けられていることには耳を傾けるべき部分もある。

感情のメカニズム

感情の重要性はモダニズムを支えた理性への反省という側面もあるし、20世紀が科学（理性）優先の時代であったために感情を問うことを置き忘れてきたとも言える。そんな感情の役割を問う哲学ではこんなことが言われている。たとえば心の哲学を専門にしている哲学者の信原幸弘は、10年くらい前から情動の問題に取り組むようになり、近刊『情動の哲学入門』[5]において、「そもそも理性だけでは人間はまともに生活できない。情動があって初めて人はその場にふさわしい行動をとることができる」と述べる。しかし、ただ情動だけでは間違った行動をとる可能性があり、理性はその補佐役として情動の誤った指示を制御するとして情動と理性を位置づけている。

　そして次に情動の「身体的感受説」を説明する。人間がまわりで起こる出来事に対して（一輪のバラを見る、大きな犬が現れるなど）心動かすとき、そこにはある価値が現れる。たとえば美しい、恐ろしい、軽やかなどという価値である。この価値はどのように感受されるのかというと、その人の身体は周囲の出来事に対して涙を流す、身震いする、小躍りするなどの反応をして、それらが脳に美しい、恐ろしい、軽やかという価値を感受させていると考え、その説を「身体的感受説」という。つまり色や音が視覚器官や聴覚器官によって知覚されるように、事物の価値的性質は情動において身体という「感覚器官」を通して知覚されると言い換えられるのである。このように情動において知覚される価値を情動価と呼び、人間にとってプラスに働く、美しい、嬉しい、喜ばしいなどの価値を正の情動価、逆を負の情動価と呼ぶのである。

　さて、この人間の価値獲得のメカニズムを概観すると我々建築家は最終的には建築の使用者にある正の情動価を知覚してもらいた

くて建築を設計しているということに気づく。もちろんすべての建築が情動価を設計の一番の目標にしているとは言えない。貯蔵施設や人の少ない工場など人の関わりの少ない建築ではそこに求められている用途の能力を最高にすることが一番の目標になるであろう。また人の関わる施設でも機能性がきわめて重要である施設は多々ある。しかし人が使う以上、情動価を考慮しないことはあり得ない。とは言え、色や音なら赤を知覚してもらう、高音の響きを聴いてもらうという要望があればそれに応えることは容易である。五感で得られる知覚は一義的に定義され、それを生み出すものを設計することは可能だ。しかし情動価である爽やか、美しい、楽しい、歓しいなどの価値をどうつくるかには無数の方法があるだろうし、正解を導く方法はない。試行錯誤で到達するしかないわけである。となると、たとえば設計の目標としてその情動価を掲げるのは困難だ。目標達成の保証がないからである。だから設計者はこれまでその情動価ではなく、その情動価に到達するであろう方法を自らの建築であると提示することが多々あった。

　たとえばモダニズム建築の教科書的書である『インターナショナルスタイル』には情動価は書かれていない。そこにあるのはマスからヴォリューム、規則性、装飾の否定、平滑性などである。それによって得られる情動価は、たとえば爽やか、軽やか、美しさ（簡素な）などであるかもしれないが、それを獲得できる保証はないからそれらは書かれていない。いや、むしろこの時代は情動価が方法論の後にくるものであったと言えるのかもしれない。

　しかし現代においては使用者の感覚、受容が重視されている。彼らにとって方法論はどうでもよく、重要なのは彼らに対してどのような情動価が生み出されるかである。そうなると設計者も端的に自らの目指す情動価を打ち出すことが重要になってくるわけである。そんな建築家の例を次に説明していきたい。

感情を問う建築家

槇文彦

感情の時代の感情の問いとしてまずは槇文彦が近著で記した「歓び」という言葉に注目したい。槇文彦は2017年『残像のモダニズム——「共感のヒューマニズム」をめざして[6]』を著した。これは『記憶の形象[7]』『漂うモダニズム[8]』に続く槇文彦3冊目の論考集である。この3つの論考集には槇文彦の一貫した設計への態度が読み取れるのだが、とくに近著においては「歓び」あるいは「共感」という言葉で表される槇文彦の感情を促す言葉が読み取れる。

　この書は2つのインタビュー記事を除いて、2013年以降の論考23編が収録されている。同書の最終節では「書くこととつくること」という表題がつけられ、書くことを通して良いテーマを発見し、それをつくる段階へとつないで建築を生むと記されている。建築が言葉を通した思考、記述に始まる槇の方法論が読み取れる。そうした膨大な言説に繰り返し現れる概念の一つが時間である。同書の最終章には「空間・時間・建築」という表題の節があり、時のもつ力が語られている。ヒルサイドテラスは彼の時間概念がもっとも色濃く現れた作品である。

　こうした全体を貫く時間という概念に対して前書『漂うモダニズム』に始まり、近著で強く主張され始めた概念として「ヒューマニズム」を挙げることができる。この言葉は前著における冒頭の論考で使われる。それによると槇の言うヒューマニズムはルネサンスを表すものではないし、ヒューマニタリアニズム（人道主義）を示すものでもない。多くの人が歓び共感を呼び起こすような、あるいはそうした人間性のあり方を求める姿勢がそこに存在するような状態を指している。また同書では日本人のもつ「穏やかさ」「静かさ」に注目して、そこから多くの人が歓びを分かち合える姿と記されている。以上のように槇の昨今の言説には感情への問いが重要な位置を占めていると考えられる。

堀部安嗣

堀部安嗣は黙して多くを語らぬ建築家である。そんな堀部は近著『建築を気持ちで考える[9]』の序文でこう語っている。「知識ではなく、概念ではなく、建築を自分の気持ちで考えた言葉で綴りました」。この本を読んでみると如実に伝わってくることは、堀部の建築が内面化された技と心の蓄積から発露してくる手の動きによって産み落とされているということである。

　この本の第2章は堀部の作品解説であるが、それは以下のような節に分けて説明されている。1）初めてひとりで、2）本来の建築の役割を考える、3）記憶の継承、4）ずっと昔からあったかのように、5）庭から生まれる建築の多様性、6）静けさと光、7）「生と死」が共存する空間、8）人と建築と場所のつながり。これらと最初の言葉が示すように堀部の建築は一般の建築家の多くに見られる「作為」が少なく、普通で自然である。序文で書かれた「自分の気持ち」こそがプロジェクトを進める羅針盤である。それが言語化されているか否かは定かではないが、自らの感情に正直に建築がつくられている良い例なのだと思う。

2　山口周『世界のエリートはなぜ「美意識」を鍛えるのか？──経営における「アート」と「サイエンス」』（光文社新書、2017）
3　ヴォルフガング・ヴェルシュ『感性の思考──美的リアリティの変容』（小林信之 訳、勁草書房、1998）
4　真壁智治、チームカワイイ『カワイイパラダイムデザイン研究』（平凡社、2009）
5　信原幸弘『情動の哲学入門──価値・道徳・生きる意味』（勁草書房、2017）
6　槇文彦『残像のモダニズム──「共感のヒューマニズム」をめざして』（岩波書店、2017）
7　槇文彦『記憶の形象──都市と建築との間で』（筑摩書房、1992）
8　槇文彦『漂うモダニズム』（左右社、2013）
9　堀部安嗣『建築を気持ちで考える』（TOTO出版、2017）

4-2

物を問う
Exploring Things

哲学的にはカント以降の人間中心主義への批判を含めて物自体の存在を再考する動きがある。カントは人間の能力の可能性を定めた哲学者であるが、逆に言うとその限界を定めた人でもある。そして人間の認識は人それぞれに現れてくるものである。言い換えると、見ているものが同じでも、見えているものは同じとは限らない。つまり物自体は把握しきれるものではないとした。これが認識論のコペルニクス的転回と言われる。つまり物は人間がいることで現れるものであり、そうした認識論ゆえにカントは人間中心主義というレッテルを貼られる。

　しかし一方で、物は人がいなくても存在しているのであるから、物自体は認識できるかどうかは別としてもそれは厳然と存在すると言えるのであり、その存在を無視はできない。さらに言えば人間に認識されるか否かはその物の価値とは何も関係しないとも言える。それがカントの人間中心主義への批判である。建築においてもたとえば数千年継続しているローマの建築などは人間の存在とは別に生きながらえている。そういう事実を素直に受け止めるとするならば、建築のもつ「物」としてのあり方も課題たり得る。そして建築の物としての性質は以下に詳述するが、質料性、被覆性、オブジェクト性に分けて考えることができる。

物が表す3つの意味

質料性

今から20年前にA.D.A. EDITA Tokyoから『素材空間』という名の3冊の雑誌が出版された。それらはそれぞれコンクリート、ガラス、木を特集していた。その内容はそれぞれの素材の意匠的価値を浮き彫りにすることに主眼がおかれていた。

　私はその雑誌の初回号であるコンクリート特集[10]の編集協力を故・二川幸夫に依頼され、A.D.A.本社で3時間説明（というよりは講義）を受けた。そのなかでもファンズワース邸の話は記憶に残る。二川はここに行くと朝から晩までおり、陽の光で刻々と変化する建物を観察する。そこでとくにガラスの輝きの変化が印象的だったという。ガラスは光を入れ、空気を遮断する開口部の素材ではない。それは色、輝きを放ち建築を構成する「物」なのだという。だからガラスの厚みは意匠的決定事項であり、そのガラス厚を耐風圧で技術的に決定するようでは設計者失格だという。

　同様にコンクリートも表面の肌理（きめ）があり、骨材の変化による色の変化と輝きがあり、型枠による表情があるというのである。そうした素材のもっている美的な特質を形成する要素を新しくつくる本では問題にしたいのだということだった。今までにない企画にとても興奮したのを覚えている。

　しかし作業を開始すると、素材のもつ色、肌理、輝き、透明性などを人に伝えるのがたいへん難しいことが分かってきた。それらを写真で写し取ることは不可能に近い。いわんや文章化をや。色測計などで数値化することもたいへん難しい。こうした素材の質料性は客観的事実として表すことが困難なのである。こうした分野での学術論文が希少であることはその事実を表している。21世紀となっても素材の質料性は問題にしづらい。そしてそのことは20世紀の美学をつくり上げたカントの思想において、美は質料性（色）に依るのではなく形式性（輪郭）に依拠すると述べられたことにも関係する。そこで前述『素材空間』では美学者の谷川渥に、20世紀の美学的デフォルトの形成についてインタビューした[11]。そのときの彼の

答えは簡単に言えば、まさしくカントが形式優先の美学を近代にもたらし、その反動として20世紀のいろいろな時と場所で質料性への欲望が間欠泉の如く噴出しているのだということであった。

こうした形式優先への反動は建築においても既述の通り世紀末を迎えた世界でさまざま起こっていた。建築の表現の多くをその質料性に大きく依存する建築が生まれ始めたのである。その頃私は「建築と素材」というテーマで坂本一成と対談した。素材性という問題からもっとも遠い位置にいる坂本でさえも、世界の質料性への関心に触れないわけにはいかないと感じていたようである。以上のように建築における質料性は世紀末の建築界で重要なテーマとなっていた。

被覆性

既述の通り前世紀末に登場してきた建築素材に表現の重要性をおいた作品群はポストモダン以降の建築に一つの方向性を示したように感じられる。しかしそれは先に説明した質料性にとどまらず、質料性の応用としての質料性を建物が纏う被覆性へ発展した。被覆とはドイツの建築家ゴットフリート・ゼンパーが建築の要素として挙げた、炉・土台・屋根・囲い（被覆）という4要素の1つであり建物を囲うものである。

20世紀の終わり頃、この質料的被覆性へのこだわりは同時多発的に世界の建築に登場した感があるが、その発信地として建築史家の川向正人はこう言う。ヘルツォーク＆ド・ムーロンがスイスETHで学んでいた1970年代、ETHではアドルフ・マックス・フォークト（Adolf Max Vogt）教授がおり、1967年に建築史建築論研究所を立ち上げ、ゼンパー資料室をつくり1985年まで教鞭をとっていた。さらにゼンパー資料室を実質的につくり上げた研究者としてヴォルフガング・ヘルマン（Wolfgang Hermann）がおり、彼はゼンパーに関する研究書を多く著している。

川向によれば彼らゼンパー研究者が当時のETHで学ぶ若き建築家たちに被覆理論の意義を語り聞かせ、それが後の彼らの建築に現れてきたのだと述べている。つまり2人の教授は、建築が骨で

ある構造とその被覆としての外皮からなっており、この外皮の重要性を指摘していたということである。一聴するとそれはさも当たり前のように聞こえる。しかしモダニズムの空間本質主義に対して、それを包むものの見え方にも注意を払い、忘れかけていたモダニズム初期の精神（ゼンパー）を復活したと言える。その外皮の重視が後述するスイス建築の被覆性へとつながると川向は見ているのである。

さらにこの被覆性と質料性は日本では隈研吾が実践し、隈は川向正人著『近現代建築史論[13]』の推薦文で次のように述べている。「20世紀はすべてをヴォリュームで計測する殺伐とした時代であった。…しかし体積の建築は人間を幸せにしない。今、人々は被覆の豊かさを求め始めた。…ゼンパーが…建築は被覆であり、一種の衣服であることを発見するのである」

オブジェクト性

オブジェクト性とは彫刻性と言い換えてもいい。建築が彫刻のように周囲から屹立して、見る対象として際立っている性質を言う。モダニズム建築は当初このオブジェクト性を大事にした。この彫刻性は写真映えする性質と言い換えることもできる。オブジェクト性が高い建築は建築ジャーナリズムを通して広く一般に流布した。

しかし建築は見る対象であると同時に使う対象でもある、また彫刻的に周囲から屹立して目立つことよりも周囲に馴染むものであるべきであるというような批判も起こる。これはアメリカの戦後建築史では一つの大きな流れとなっていた。アメリカ建築史におけるオブジェクト批判に詳しい平野利樹[14]によれば1960-70年代にかけてコーリン・ロウ、ピーター・アイゼンマンによって「オブジェクト批判」が提示された。1980-90年代においてはアイゼンマンがフォールディング理論を提案し、建築自体の彫刻的な美しさ（オブジェクト性）よりも多様な要素の生成変化に重きをおいた。さらに1990年代はコロンビア大学においてベルナール・チュミによるペーパーレス・スタジオが開始され、アイゼンマンに倣い建築の外（環境）へ向かうベクトルを鮮明にする。しかるに2000年代に入り、グレアム・ハーマンなどの提唱するオブジェクトを尊重する新しい哲学の登場の後押しを受ける形

でディビッド・ルイはオブジェクト批判からの脱却を模索し始めるのである。

　では一体この新しい哲学の言わんとするところは何なのだろうか？　ポスト・ポスト構造主義と呼ばれ、あるいは思弁的実在論、新唯物論、オブジェクト指向存在論などと名前はまちまちであるが、総じてこの新潮流が目指すところは、カント以来の考え方である「物を人間との関係」で存在すると見る相関主義からの脱却である。そして物と物、あるいは物と人を同等なものとして捉えようとする考え方である。こうした哲学的な議論は建築というものを人との関係で見るのではなく、建築というものを物それ自体として捉え直そうとする視点を提供した。それは必ずしも建築のオブジェクト性を称えるものではないのだが、その逆を批判するという意味ではオブジェクト性の再考をも促すことにもなった。

物を問う建築家

質料性を問うアイレス・マテウス、宇野友明

物の肌理、密実性、量塊性をここでは質料性の要素と考えてみたい。建築におけるこうした性質に意識的な建築家としてポルトガルのアイレス・マテウスを挙げることができる。彼らは自らの目指す建築をstereotomicと形容する。その名詞形stereotomyは幾何学、石工事、個体の裁断、切開という意味である。つまり建築は空間を囲ってつくるというモダニズム的考え方とは真逆に、塊から切り出してつくるという発想である。したがって必然的にそこには間ありきではなく物ありきの建築が生まれてくるわけである。そもそもこうした発想は石を積み上げて建築をつくる西洋文化に根ざしている。

　間がありきの日本建築の軸組的な文化では、こうした質料性の密実性や量塊性を方法化している建築家は稀である。しかし宇野友明の建築はその質料性の高度な表現で特筆に値する。さらに彼自身ブログで「素材が求める機能と形態を優先するしかない。つくり手の本当の思いは、素材に託すしか伝わらないものだ」というふうに明言している。彼はドアノブから手すりまで既製品を使わずデザ

インし尽くす。それは形へのこだわり以上に質料へのこだわりを強く感じるものである。

被覆性を問うヘルツォーク＆ド・ムーロン、リチャード・ロジャース、隈研吾

被覆性を前面に押し出す建築家は既述の通り、歴史をひもとけばドイツの建築家ゴットフリート・ゼンパーに端を発する。ゼンパーは『建築の四要素』（1851）において、建築の4つの要素を炉・土台・屋根・囲い（被覆）とした。ゼンパーのこの教えは前掲ヴォルフガング・ヘルマンなどによって受け継がれ、建築家の間ではヘルツォーク＆ド・ムーロンが被覆の原理をバーゼルのシグナルボックスにおいて応用した。この建物はフラットバーで覆われた、鉄の鎧を纏ったような建築で、ただの鉄の箱と言えばただの鉄の箱だが、その鉄の使い方がこれまでに類を見ない繊細な布地のような質感を表現していたのである。

　この鉄の被覆の次に我々を驚かせたのが、リチャード・ロジャースの設計した東京・銀座のエルメスビルである。これは特注の428mm角の大型ガラスブロックで建物の全面を覆ったものである。これもシグナルボックス同様にガラスの箱と言えばそうなのだが、やはりそのガラスの肌理が今までにはないものだった。そもそも建物全部をガラスブロックのみで覆うということはかつてなく、加えてそのガラスブロックが巨大なのである。ここには新しい被覆への探求がある。

　日本では隈研吾がこの発想で建築をつくっている。被覆する素材は多岐にわたる。隈は私とのインタビュー[15]において、それぞれの素材（竹、木、紙、土、石、火、金属、膜、繊維）に常に改良を加えてその構法を少しずつ進化させるという縦の系列と、ある素材のデザインを違う素材に転用する横の系列を複合しながら自らの被覆を一歩一歩展開させていると述べた。さらに隈にとっては20世紀が空間の時代で、それは体積に還元できる考え方だが、被覆はその体積に対抗する道具たり得ると主張している。

オブジェクト性を問うアンドリュー・コバック

建築のオブジェクト性はすでにモダニズムの全盛期の建築家にある程度その傾向がある。であるから、ここで問題となるのは反オブジェクトが囁かれたその後に再度オブジェクトの価値を見つけ出し、実践している建築家である。それは既述のオブジェクト指向の哲学に影響を受けているアメリカの若手建築家、アンドリュー・コバックたちにその姿を見て取れる。これらはまだ産まれたばかりのコンセプチュアルなものが多く、実作にまでたどり着いていないが、今後の一つの傾向を感じさせる。

　また海外のワークショップなどに行くと感じるが、欧米の思考には（国にもよるが）建築をオブジェクトとしてザッハリッヒに成立させることをまず第1に考える学生が多い。それは教育の影響にもよるだろう。一方日本では少なくとも建築のオブジェクト性を肯定する風潮は今のところ見当たらない。しかし若い学生たちのなかには反オブジェクトに飽き、オブジェクト性を肯定する者も散見される。モダニズム期の最後に建築の自律性にこだわった篠原一男はオブジェクト性が高い日本の建築家の一人である。彼の建築が最近また若い建築家の評価を得ている。そこには反オブジェクトから再度オブジェクトへの指向も感じられる。

10　『GA素材空間 01　特集：コンクリートの可能性』（A.D.A. EDITA Tokyo、2000）
11　谷川渥『芸術の宇宙誌──谷川渥対談集』（右文書院、2004〈再所収〉）
12　東京工業大学建築学科『華』vol.22（TIT建築設計教育研究会、2001）
13　川向正人『近現代建築史論──ゼンパーの被覆/様式からの考察』（中央公論美術出版、2017）
14　平野利樹『建築における「オブジェクト批判」の系譜──1990年代コロンビア大学における初期ペーパーレス・スタジオの建築家を中心とした建築言説の考察』（東京大学博士論文〈未刊行〉、2016）
15　『JIAマガジン』353号 2018年8月号（日本建築家協会）

4-3

技術を問う
Exploring Technology

技術を問うとするならばさまざまな分野がある。しかしそのなかでも
さらなるコンピューターの可能性に我々は注目せざるを得ない。20
世紀の新技術は構造における新材料の導入、設備機械の発明、
ガラス被覆の性能向上など建築の骨と皮と内臓の進化であった。
そしてその技術が建築をそれ以前の姿とはまったく違うものに変え
たことは言うまでもない。そして21世紀において建築をそうした次
元で変化させるものがあるとするならば、それはAIであろうと私は
考える。もちろんAIは構造、ガラス、設備のような物そのものを扱
う技術ではない。つまりハードではなくソフトである。その意味で突
然目に見えるような変化をもたらすとは思わない。しかしソフトの観
点から建築をつくるメカニズムを変化させる可能性を秘めていると言
えるであろう。

　またご存知の通りAIが人間の知能を上回るか否か、そしてその
倫理性についてどう考えるのか、など物議を醸している。

建築AIの可能性

今コンピューターの世界は第3次AIブームと言われ、巷には人工知
能、AIと名のつく書籍や会議や講座があふれかえっている。第1
次AIブームは1950年代で推論検索で問題を解く、第2次が1980
年代で知識を入れて賢くなる、そして第3次は現在で、機械学習の
時代と言われている。ディープラーニングと呼ばれるコンピューターの
学習機能は大量のデータを学習し、対象の識別能力をもつに至っ

ている。この学習機能の初歩的なことはすでに多くの家電製品など
に挿入されているし、ウェブ上での買い物から消費者の嗜好を学
習して次に買うものを提案してくる。

　ドミニク・チェンが小渕祐介と10+1のウェブサイトで対談している
なかでパーソナルAIの出現を予測している。つまり個々人の思考
の特徴や癖を学習してその人の思考能力を個性を捨てずに数倍パ
ワーアップする外付けハードディスクのようなAIの出現である。人間
はメガネをはじめ、自らの能力の足りない分を機械で補綴（ほてい）
することをしてきている。怪我をすれば義足や義手をつけ、耳が遠
くなれば補聴器をつけ、視覚をパワーアップするうえでは双眼鏡や
望遠鏡を利用する。それと同様に思考力や記憶力を高めるうえで
のAIを持ち歩くことは普通に考えられる。私たちはすでにiPhone、
iPad などで自らの能力を補綴しているのである。しかしAIの補綴
はiPhoneで辞書を引くようなことではなく、意思決定を代替してく
れる可能性があるということである。

　たとえば建築の設計打ち合わせのなかで出てくる建物規模やプ
ログラムについての音声を聞き取って、その場でその建物に必要な
諸室の面積を計算する、あるいは日影を計算してヴォリューム形状
のパターンを瞬時に表してくれる。さらに建築家が描くスケッチを読
み取り、そのデザインは何年前のどのプロジェクトと類似している、あ
るいは他の建築家のどれと似ているというようなデータも瞬時に割り
出す。そしていくつかの案のなかから誰もやっていないデザイン、あ
るいはやられているが好まれるデザインなどを推奨してくれるのは
そんなに先のこととは思えない。そのような意味で、豊田啓介が
10+1のウェブサイトで建築家はAIの調教師になるだろうと言ってい
るのには共感する。つまり我々の仕事はいつの日か、そうやってデ
ザインを推奨してくるAIのプログラムをつくるのか、あるいはAIの推
薦を上手に使いこなす必要性を帯びるのである。

　またロンドン大学バートレット校で建築史を講じるマリオ・カルポ
は『アルファベットそしてアルゴリズム：表記法による建築——ルネサン
スからデジタル革命へ』のなかで類と種という概念を用いて建築の
制作の立場を説明している。類とは大きな概念で、それはアルゴリ

ズムの種類である。そしてそのアルゴリズムを使ってできるさまざまなデザインは種に分類される。そこで類をデザインする人がこれまでのような原作者としての建築家であり、与えられたアルゴリズムを使って条件を入れ込み、種をつくるデザイナーは2次的な建築家であるとしている。

　しかしこうしたAIの進歩とその社会的影響予測のなかには機械にはできない部分があるという認識もある。前掲のドミニク・チェンはこんなふうに言っている。

　「いまの主流パラダイムのAIは最適化しかできないのです。それではノイズや多様性がなぜ大事なのかということを最適化の議論の俎上に載せようとしても、まだ実効性のあるタームを繰り出せていないのが現状だと思うのですが、そのあたりもしっかりと科学で解明されるようになれば、もっとリッチな議論が可能になるだろうという予感はあります。私たちは合目的的な意図に従わなくても無意識の動作や行動を起こすことができます。セレンディピティ、偶有性と言われる現象の価値を多くの人が異口同音に主張してきましたが、すべてを制御しようとせずに偶然性にあえて身を委ねる知性のかたちというものも定義できるようになるかもしれません」

　つまり人に残されている作業はおそらくこうした偶有性を生み出す気まぐれな感情を入れ込んでいくことなのだというふうに感じている。果たしてそれは「感情を問う」のところで述べたように、建築に直結するのかどうかは今のところ分からない。しかしいずれにしても機械と感情の弁証法が今後、必ずやデザインの一つのストリームになっていくのだと思われる。

AI設計の倫理的問題

先に述べた通り、AIが設計者を補綴するときに最初に起こるだろう、あるいは最初に利用したいと私が感じていることは、資料を見ながら、あるいはさまざまな調査をしたうえで判断しなければならないようなことをあらかじめAIに勉強させておいて、瞬時に判断させることである。たとえば新しいタイプの商業施設を設計しようとするなら、それまでのいわゆるショッピングモールはどのような面積配分

になっているのか、それは立地でどのように変わるのか、一般に設計者はそのくらいのデータをかき集める。そして機能構成比を割り出し、機能フロー図などをつくり、どの機能をどう変化させるとどう売り上げが変わるだろうかという予測シミュレーションをする。しかしそうした勉強をAIにさせておけばその手間からは解放される。次にそれをデザイン化する段階で言えば、今までのショッピングモールのデザインを勉強させておくことで、新しいタイプのデザインを考える資料集めはあらかじめ終えておくことができるわけである。

　さて、この程度のことをAIが判断している間はAIは効率良く、そして問題なく人の作業の効率化に寄与するはずだ。問題は一歩進んで車の自動運転のようにAIが自動設計するような状態にまで進んだときに何が起きるかである。設計の責任問題だ。AIの判断を最終的に人間がダブルチェックをすることも考えられるが、それならば最初から人間が行えばいいとも考えられる。おそらくどの分野でもそうなのだろうが、どこまでAIに人間が行ってきた重要な判断を任せるのかという補綴関係のあり方が問われるのだと思う。それは分野ごと、問題ごとの重要度、倫理性などに関わることであろうと思われる。

技術を問う建築家

豊田啓介（noiz）

既述の通り豊田は前掲「建築のAIはバベルの塔か」のなかで「CADやBIMを使ったとたんに人の能力が五割増しになるわけはないし、デジタル技術は魔法の自動販売機ではない」と述べ、「デジタル技術のプラットフォームも、そしてそこで扱われる情報の形式も、本当のグローバル化はまだこれからだ」として次のように述べている。

　「AIが普通に実装されるようになった社会では建築の職能はどうなるのか。分かりやすいところで言えば、いまの通常の設計スタッフのような立場は、AIの飼育係、調教師のような立場に変わっていくはずだ。そのほかにもAIの餌となるデータバンクの形成や栄養士に相当するデータ編集、買い付け担当に相当するデータマイニン

グといった職能が必要になる」

　このように豊田はAIが現在の建築界の職能を大きく変化させるだろうと予測する。しかし豊田自身もそこはまだ未知の部分を含みながら、自らを実験台として社会にAIを実装することにチャレンジしているように見える。そもそも豊田が率いるチーム名であるnoizは音楽領域でのnoiseに因むものである。音楽の世界では新たな領域が生まれるとそれは多くnoise（雑音）と呼ばれた。ジャズ然りである。しかし時が経つとそれが時代を牽引する力のあるジャンルになっていることが多く、それに想いを馳せたという。[19]彼にとっても今のところAIはnoiseであるが、いつかはそれが建築界を牽引すると考えているのだと思う。

小渕祐介

東京大学准教授の小渕祐介はJIA勉強会において、日本は諸外国に比べてはるかにコンピューターによる建築デザインや建築施工への研究において遅れていると話している。そしてその理由としては、日本では設計図に不備があっても現場でそれ以上のものをつくる技術があり、職人の腕が設計をカバーしているからだという。一方、日本以外の諸外国においてそういうことは珍しく、設計図に書いてあることさえ実現できないことが多々ある。そこで設計を実現するためにロボットが必要となるのだという。

　コンピューターにはそうした精度を高める側面がある一方、小渕は「誤差」をポジティブに許容する考えも必要だろうという。というのもコンピューターが建築のなかに入り込んで精度を高めていくと、ものづくりの既存の制度がそれに追いつかなくなり、よってコンピューターを入れようとしなくなるか、コンピューターを入れるために既存の制度を大改革するかという必要が生まれてくるという。スムーズにコンピューターを導入するためにはそうしたコンピューター周辺の考え方の整備も必要であるという。[20]

16 ドミニク・チェン、小渕祐介「コンピュテーショナル・デザインと拡張する AI 技術」
　　『10+1 web site』2016 年 7 月号（LIXIL 出版）[http://10plus1.jp/monthly/2016/07/issue-01.php]

17 豊田啓介「建築の AI はバベルの塔か」『10+1 web site』2016 年 7 月号（LIXIL 出版）
　　[http://10plus1.jp/monthly/2016/07/issue-02.php]

18 マリオ・カルポ『アルファベットそしてアルゴリズム：表記法による建築——ルネサンスからデ
　　ジタル革命へ』（鹿島出版会、2014）

19 『JIA マガジン』363 号 2019 年 6 月号（日本建築家協会）

20 『JIA マガジン』354 号 2018 年 9 月号（日本建築家協会）

共同性を問う
Exploring Community

　共同性が建築界のなかで重要性を高めている。それは一見3.11以降に特有の現象のように見える。しかしむしろ共同性とは地域性を担う概念として、グローバリズムへのアンチテーゼとして、20世紀全般を通して建築を支えるキーワードであったと言ってもいいだろう。そこで共同性と公共性という似た概念を少し整理しておきたい。共同性はある地域のなかに原則均質に広がり、物や心を共有しようとする性質と言える。公共性はそれに対してそれより広い範囲で異質性を受け入れながらも、皆で物や心を共有しようとする、あるいはしなければならない性質である。

　だから一般には共同体とはある限定された範囲の集団であり、そこで共有可能な皆で目指すべき行いを「善」と呼び、それを達成しようとする。一方それを超えた広範なエリアで異質性をも受け止めながら、皆が目指さなければならないものを「正義」と呼ぶ。そしてそれを達成しようとすることで公共性は担保されるのである。よって、分かりやすい例で言えば正義は法文化されて担保される。そしてアメリカでは善を尊重する立場にコミュニタリアニズムがあり、正義を尊重する立場にリベラリズムがあると言われている。

　グローバリズムとローカリズムに関係して言えば、グローバリズムは世界的な普遍的価値を標榜するものだからリベラリズムと整合しやすいし、ローカリズムは共同体の価値を重んじるのであるからコミュニタリアニズムを受け入れやすいと言えるであろう。こうした背景のなかで、建築界においても共同性はローカリズムを標榜する立場に

おいては尊重されてきたと言えるだろう。そこで以下ではこうした共同性のなかでも建築に絡む特筆すべき2つの考え方を紹介し、続いて共同性を掲げる建築家の事例を見てみたい。

シェアリング建築

ジェレミー・リフキンの『限界費用ゼロ社会[21]』ではドイツではすでに、希望的には日本もいずれは、限界費用が0に近い社会となるであろうと述べられている。限界費用とは生産量を1単位だけ増加させたときの総費用の増加分を指す。極端な物言いだが、インターネットの普及で無料の情報が世界に流通している。なかにはさまざまな設計図もシェアされ始めている。それを加工し、太陽光を動力源に3Dプリンティングして、風力で得られた電気で動く自動車が製品をタダ同然で配達する。あるいは個人がプロシューム（生産して消費する）する。そうなると限界費用は限りなく0に近づいていく。

　そしてそれをもっとも実践しているのがドイツである。ここでは情報、エネルギー、移送がシェアされている。さらにこれからは知識（情報の一部だが）もシェアされると言われている。義務教育段階はさておき、高等教育においては知識がインターネット上で容易にアクセス可能になり、その知識をシステマティックに獲得してそのテストをネット上で受け、その証書があれば大学卒業レベルを保証することなどは近々費用ゼロで行えることであろう。つまり限界費用0の社会の基礎となる協働型コモンズのシステムは資本主義の欠点を補いつつあると言える。こうした時代に建築が大きく変化するであろうことは容易に想像される。

　リフキンに棹させば、こうした社会インフラがIoT（物のインターネット）でつながり、インテリジェントインフラとなることで効率性、生産性が極限にまで高まり、限界費用が0に近づくというわけである。たとえば建築物の使われ方を見てもそういう事例がすでにたくさんある。大学の教室管理はもとより、公民館でさえ今やネット上で管理されている。昔は役所まで行って予約ノートに名前を書き込んでいたのが、今や自宅でiPad片手に予約もキャンセルも簡単にできる時代である。これで何人の人件費が浮くであろうか。またそうして使わ

れていない時間帯の照明も空調もオフに自動的にすれば、それで無駄なエネルギーは使わなくて済むことにもなる。

　限界費用0という観点からすると、実は建築はつくられないに越したことはない。物を生産するための企業のオフィス空間、国を統治するための議会や行政の空間などのコミュニケーションの空間はもはや不要になるだろう。それらはネット上のコモンズで十分成立するからである。

　今から20年以上前にウィリアム・ミチェルが『シティ・オブ・ビット――情報革命は都市・建築をどうかえるか』[22]のなかで、すでにそういう議論をしている。しかしそれにやや修正を加えるなら、すべての建築が不要になるわけではない。コモンズで共有できるものと、そうはならずその場所にしかないものを求めて人が集まる場所は建築として残るであろう。たとえば美術館である。美術館の所蔵品をネット上で公開することは可能だし有効だが、本物しかもち得ないオーラはその場でしか味わえない。図書館はどうだろう。これもすでにデータをデジタル化することは行われている。その意味では図書館はいずれ貴重本や特殊なデータにアクセスするだけの場所になるのだろうか。否、図書館は人が何を読み、人が何に興味をもっているのかを感じ取る場所でもある。つまり時代のエピステーメを感じ取る役割をもつのである。そうした意味で言うと、劇場、ホールなども消えてなくならないものであり、そこでの限界費用は0にはならないのだと思われる。しかしそういう施設でも現在ではさまざまな他の用途への転用性を保持しながらシェアできるようにつくられていることが多くなってきている。

　すべてがコモンズ上で成立して限界費用が0になるのは非現実的だが、それに近づく方向で社会は変化していくことは間違いないだろう。このようにこれからの建築は不要なものと、シェアされ、ある地域の共同性のなかで共有されるものへと変化していくであろう。

社会的連帯における価値観

アメリカの哲学者リチャード・ローティーは共同性に関わる問題として「連帯」の概念を提示する。ローティーは「連帯としての科学」[23]のな

かで、客観性という普遍的な真理を求める概念の代わりに、ある地域の文化のなかでのみ通用する真理を求める姿勢として、連帯という概念を提示している。これは今までの説明で言えば「善」に相当する。この考えは世界に真理が一つであるという考え方では割り切れない地方性をすくい取り、その場所ごとでの幸せを求めていくうえでは実利的な考え方だと思われる。どれほどの大きさの共同体までを許容するかは議論が必要だが、ある文化のまとまり、地方性のまとまりが実効的に活動を進めていくにはある程度こうした議論は必然であると私は思う。

こうした意味で建築はどのような立ち位置をもち、あるいは可能性を秘めているのだろうか。もちろんすでに多くのローカリティを強調する建築がポストモダニズム以降数多く登場してきている。さらに加えて今、シェアハウスやシェアオフィスなどの住む場所、働く場所で、新しい緩い共同体が生まれている。こういう緩い共同体では客観的・一般的ルールが存在するわけではなく、それぞれのルールがその共同体の連帯となっているのである。さらに昨今コワーキングスペースと呼ばれる非固定的な働く空間が生まれ、それが地方では地域と連携した空間となってきている。そういう場所ではさらに場所の連帯が地域との連帯へと広がる可能性をもっている。それは再度言うように、世界で通用するものでも日本全体で通用するものでもないものかもしれないが、その地域で通用する良いものであればそれが実利的である。そしてその地域での豊かさ、幸せにつながるものして意味があるのだろうと思われる。

共同性を問う建築家

ヨコミゾマコト

ヨコミゾマコトは新潟県新発田市の市庁舎を2017年に竣工させ、宮城県釜石市市民ホールを2018年に、2019年にはコンペで勝った大分の祝祭広場を竣工させた。それらに共通したコンセプトとしてヨコミゾは「地域文化遺伝子」を掲げている。その意味は文字通り地域のもつそれぞれの文化性の核である。そこで地域とはかなり

小さな単位で村や町で遺伝子には差があり、それを読み取っていく
必要があると述べている。

　そのなかで、たとえば新発田では重要な人々の集まるスペースに
「札の辻広場」という名をつけている。それはそのあたりの歴史性
と共同性をあわせもつ問いと言えよう。またこの市庁舎では会議場
をコンサートや結婚式に使用できるようにし、市民ホールでは席を
移動し、外部に開放して広場として使えるようにするなど、今まで一
機能しかもっていなかった空間をさまざまな用途に転用可能なもの
として多くの市民でシェアできるように考えられている。[24]　その意味で
限界費用の低下に貢献する建物でもある。

21　ジェレミー・リフキン『限界費用ゼロ社会──〈モノのインターネット〉と共有型経済の台頭』
　　（柴田裕之 訳、NHK出版、2015）
22　ウィリアム・J・ミッチェル『シティ・オブ・ビット──情報革命は都市・建築をどうかえるか』
　　（彰国社、1996）
23　リチャード・ローティー「連帯としての科学」『連帯と自由の科学──二元論の幻想を超えて』
　　（冨田恭彦 訳、岩波書店、1988）
24　『JIAマガジン』355号 2018年10月号

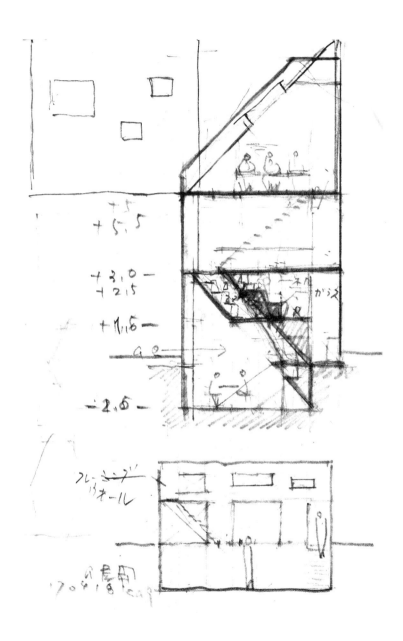

+ 5.5

+ 3.0
+ 2.5

+ 1.5

0.0

- 2.5

ガラス

フレーム
ホール

'70・8・8

第3章

答えをつくる力

Ability to Find Answers

第3章

答えをつくる力　Ability to Find Answers

前章で見た通り、建築の設計は課題を見つけるまではきわめて論理的に進行するのだが、その後は設計が進めば進むほど感覚的になっていく。ロゴスの世界からパトスの世界に進むのはすでに述べた通りである。しかしそれでも設計図を描きながら、クライアントと打ち合わせをしながら、我々はあくまでその課題に対して論理的に答えをつくるべく努力をしている。そうでなければ我々は自らの設計を多くの人々に納得させることが難しいのである。とはいえ、最後には言葉にできない決定も待っている。

　課題に対する答えをつくる前半は概念的な段階があり、そこは論理性が求められる。次にそれを建築に移す段階があるのだが、そこでは言葉で説明のつくものとつきかねるものが混じり合う。そこでこの章では答えをつくる基礎として、まず概念を物質化するための移行において必要な思考の項目を次節において検討してみたい。

　その後、私の実際のプロジェクトを実例として、そのプロジェクトに対して私がどのような課題を見つけ、それに対してどのような答えをつくったか、そしてその答えに理念がどう表れているかを説明していきたい。そこで私の仕事を時代順に4つの時期に分けてそれぞれの時期の特徴とその時期の代表作をいくつか選び詳述する。またその説明を補強する他の作品を並置し、簡潔な説明を加えたい。これは私の作品解説のようにも見えるが、そこで重要なことは何を課題にして何を答えたかということ。そしてそれに加えて言葉にはなり得ていないものも感じ取ってほしいと思う。

5 答えをつくるための基礎
Basics for Making Answers

答えをつくるための基礎として、私が以前著した『建築の規則』[1]の内容を瞥見したい。同書において私は建築をつくるときに必然的に考える項目として質料、形式、関係という3つの軸を設定した。それは同書の第1章で記した建築の構成要素のうち、物と間に質料的側面、形式的側面、関係性の側面があるということを意味している。質料性には建築素材の肌理、色、透明性という3つの項目がある。形式性には形状、大きさという2つの項目がある。関係性とはこれら質料性、形式性によって生産された物と間の関係のことであり、後に詳述するが4つの項目がある。こうした項目は本書の第1章、第2章で扱ってきた理念や課題とは異なり実在の世界に直結するものなのである。そこでまずこれら質料性、形式性、関係性を軸とする9つの項目について簡単に説明してみたい。

3つの軸
これら3つの概念のうち質料・形式というのはアリストテレスが4因論説で提示した概念のうちの2つである。4因論とは、あるモノが存在するその理由を問うものである。アリストテレスはレンガで建物をつくる工事現場を見ながら考えた。ここにあるレンガという建物になる可能性をもつ物体はある概念をもって形になる。そこには石工の技術と建物の最終目的があるはずである。そこでアリストテレスはこのレンガを質料因とし、それが概念をもって形になることを形相因と称し、石工の技術を作用因、建物の最終目標を目的因と呼びこの4つをそのモノの存在の原因と考えた。

　この4つのなかでも最初の質料因と形相因は重要な位置づけになっている。そこで私はこの2つを取り上げ建築を設計するときに必須な検討項目と考えた。また『建築の規則』においては形相における形の要素に注目し、形式という言葉で呼び変えることにした。さらに建築の原因を問うとき、形式化した質料の配列、構成あるいは周囲との関係が設計の重要な展開を担うので質料、形式に加えて関係を問うこととした。

質料、形式、関係という3つの軸はまだ概念としては大きい。そこで
これを次の下位の水準にまでブレークダウンして、それらを建築を考え
る必須項目として措定した。以下それらを一つずつ見てみたい。

質料性

質料性とはアリストテレスがレンガを見て思いついた概念である。それ
は建築に当てはめて言えば、素材なのだが、その素材のもつさまざまな
属性を包含した概念である。そこで建築的に素材の性格を表す項目とし
て次の3つを挙げることにした。それらは1) 肌理、2) 色、3) 透明性である。
この3つは建築の素材を意匠的に判断するときの重要な尺度である。

　肌理とは物の表面の粗度を指す。たとえばガラスなら表面はツルツル
であるし、レンガならザラザラである。そうした表面の性状が肌理であ
る。色で重要なのは有彩色か無彩色かというところである。日本の建築
ではほぼ無彩色を使うのが通例になっていたが、昨今欧米同様に大胆
な有彩色を使用する事例もないではない。ルイス・バラガンの建築をは
じめ色が建築の支配的な要素になっている例は数多い。最後の透明性
は20世紀終わり頃生まれたガラスのグレージング革命、断熱性能の高
いガラスによって加速された。そこで素材の透明性が建築の特性を大き
く左右する項目として重要になってきた。

形式性

建築の形式性を考えるときにこの問題を1) 形状、2) 大きさに分けて考
えてみることにした。形状を建築的に考えるならば、建築にはあるデフォ
ルトな形状があると言っていいだろう。それは断面的に見るならばその
使い勝手から床面は通常水平である。また壁は重力に抗う建築の宿命
から構造的に合理的な垂直である場合が多い。つまり床と壁は通常直
角に交わるものである。またその形状を平面的に見ると、一般的に方形
をしている。家具の配置や部屋の有効利用を考えると方形になることが
多い。つまり建築形状のデフォルトとは断面的にも平面的にも直角に交
わる直線で構成されるものなのである。するとその対極の形状として斜
めや曲線というものがあり、そのどちらかによって建築の形状は大きな
差異をもつ。

次に大きさの問題である。建築は造形美術と異なり、そのサイズにおいて圧倒的に大きなものが存在する。そしてそのサイズは見る人に直接的に大きな影響を及ぼす可能性をもっている。これは美学的には崇高という概念で説明される。カントは、人間は巨大なものに数学的崇高を感じると述べている。それは人間の知覚の範囲を超える無限性に対する無力感によって生じるもので、壮大な自然を前にして生まれる感覚と同様なものと言えるであろう。大きさが建築に崇高という感覚を芽生えさせる一方で、建築の小ささも、茶室が良い例だが、建築に特殊な性能と雰囲気を与えるものである。

関係性

さて関係性には4つの項目がある。それらは、1) 平坦・階層性、2) 部分・全体性、3) 包容・排他性、4) 協調・独立性である。1) と2) は建築の物や間の関係であり、1) はそれらの並び方として階層性がある場合とないものの問題である。これは秩序があるものとないものと言い換えても良い。たとえばミース・ファン・デル・ローエは初期の住宅、たとえばトゥーゲントハット邸では場所場所に性格がある。それらは階層的な関係性をもっていると見ることもできる。しかし後期の住宅、たとえばファンズワース邸では場所ごとの固有性をもつことなく、どこの場所も同一でそれらは平坦に並んでいた。ミースの例は間が階層的な場合と平坦な場合を示している。

　2つ目はモノのつくられ方における部分と全体の問題である。1つの方法は全体があって、その中に部分をはめ込んでいくもの。これに対して部分の集積として全体をつくる方法の2つがある。たとえば原広司の建築は部分から発想して全体形が結果として現れる。この部分・全体性が2つ目の項目である。

　3つ目は建築が完成したときにそこに入る家具などと建築の関係である。建築はその殻だけで成立するものはほとんどなく、多くの建物はそこに家具などの備品が入れられて人が使うものとなる。この家具のデザインを限定する建築と、どんな家具デザインをも受け入れる建築とがある。前者は排他的であり、後者は包容性があると言えるだろう。この包容・排他性が関係性の3番目の項目である。

4つ目は建築とその周辺環境との間に発生する関係性である。キノコのように周囲の環境と密接な関係性をもって存在する民家のような建築がある。これらは風土に沿って屋根や壁の勾配や素材が決まっている。これに対して宇宙船のごとく空から飛来して着陸したかに見える、周囲と関係性をもたない建築がある。こうした周辺との協調・独立性が最後の項目である。

　これら全体で3軸9項目が建築を設計するときに必然的に考える項目である。そしてこれらの検討はちょうど周波数帯ごとの音量を調節するイコライザーという機械を操作して音楽のニュアンスをつくるのと似ている。つまり肌理という指標ではツルツルからザラザラまでたくさんの階調があるなかで、ある点に定位してデザインを決めていく。また形状なら水平、垂直線から斜線、曲線のなかで形を定位する。そういう作業を積み重ねながら設計は進められていくのである。そして9つの指標においてこうした定位作業を行うことが、答えをつくるうえでの必要最低限のことなのである。

1　前掲・坂牛卓『建築の規則』(ナカニシヤ出版、2007)

6 窓をつくる
Making Window

既述の通り、この節からは私のプロジェクトを過去から順に4つの時期に分けてみる。そしてそれぞれの時期の特徴を述べるとともに、いくつかの代表プロジェクトについて、そこにどのような課題を見つけ、その課題に対してどのような答えをつくったのかを説明していきたい。作品は時代順に並べ、いくつかは詳述し、他は簡易な説明を加える。

　私は独立してから40近い建物を設計している。そのうち初期の9件は課題に対して「窓」をつくることで答えにしていた。2000年から2006年の間である。次にその「窓」を少し拡張して「フレーム」をつくることで答えにしていた時期がある。それは2005年から2016年までの11件の建物である。そのうち2009年頃からフレームの一部を強調する「リフレーム」という操作を加えるようになった。そして現在は私の建築理念である「流れと淀み」にもっとも接近してきていて「流れ」をつくることで答えにしている時期で、それは2018年から現在までの5件の建物と言える。

　そこでまず窓について説明しておこう。窓は建築の部位のなかでは基礎、壁、柱、屋根など建物を包む構造的な部分とは異なり、建築における付加的要素と考えられがちである。しかし窓を含めた開口部は建物の内と外をつなぎとめる機能を担うものである。とくに建物を使用する人々にとっては重要な役割をもっている。そこで建築を人との関係で考えたいと思うとき、あるいはユーザーのプログラムから考えるときに欠かせないエレメントであると思われる。つまり窓は人と人、人と物、物と物をつなぐ要素であり、内部環境に重要な光、風を取り入れる道具でもある。そこでこのエレメントが課題に対する答えを導くのに有効に働くはずだと考えて初期の設計を行っていったのである。

連窓の家 #2

House with Ribbon Windows #2

西側外観　West exterior

課題を見つける

この建物は東京23区内の住宅地に建つ二世帯住宅である。都内の第1種住居専用地域はおおむね建ぺい率50%、容積率100%である。北側は高度斜線がかかり敷地の北側は5mまでしか建たないというのが一般的である。

　この敷地を最初に見たとき、南北に隣家が迫るが東西には空き地と農地があった。そこでこれらの空間をどう使うかを第1の課題（環境）にしようと思った。次に7人の人間が住む家の部屋の分節を考えた。親夫婦は健康上のこともあり1階に住むことが決まっていた。そこで2階に5人住む空間の分け方が課題2である（プログラム）。そ

Identifying Issues

This building is a two-family house in a residential area in Tokyo. The site was in a Category 1 Residential Area in which building coverage ratio was 50% and a floor area ratio was 100%. It also had a slanted altitude on the north side and only 5 meters on the south side to the adjacent land.

When I first saw this site, neighboring houses stood very close on the north and the south sides, but there were vacant lots and farmland on the east and the west. The first issue was how I could make the best use of this space (environment). The next issue was

階段　Staircase

室3（子供室）　Room 3 children room

the allocation of the rooms for seven people. It had already been decided that the grand parents would live on the first floor because of their physical conditions. Therefore, how to divide the space on the second floor for five people was the second issue (program). The third issue was how to keep the privacy and how best to take in the light that comes from the east and west side of the house to ensure that ample sunlight shines on the family inside the house (emotion) (things). Lastly, how and where to store a huge collection of books of the client who was a newspaper journalist.

して次に生まれた3つ目の課題は、東西に開いた家をつくったときに生まれるプライバシー問題や、その窓から受け取る光の質が家族にどう降り注ぐかという光の扱いであった（感情）（物）。また新聞記者であるクライアントの大量の本をどこに収納するのかを最後の課題とした。

答えをつくる

まず建物全体の形状は二世帯住宅ではあるが、切妻の1つの全体形状とした（部分・全体性）。アプローチの西面に開かれた窓は大きくすれば光は入るけれどプライバシーは減る。だから適度なサイズを決定し、2階の窓はプライバシーの心配が少ないので1階に比べて大きめにとるのが理屈に合っている。また2階の部屋の分節は極力減らし、分けたいときに視線を遮れるようにしておけば、普段は開放的な広さを感じられると思った。

　そこでまず窓に関して考えたのが十字形の窓（形状）である。そしてその窓は室

Finding Solutions

First of all, the building has a single gable roof under which two families are housed (parts and whole). A large window opened towards the west side of the approach would allow a plenty of sunlight inside but compromises privacy. Therefore, I came to a reasonable decision about the window size, making the ones on the second floor larger than the first floor because there is less concern for privacy on the upper floor. As for the space on the second floor, my idea was to create the sense of spaciousness by keeping the number of rooms to a minimum. If the occupants want privacy, new rooms can be added in the future by further dividing the existing space.

The first thing I decided about the window was its shape—a cross (form). The window glass extends inside and surrounds both sides of the staircase.

内にも伸びていき、階段空間の両側を囲うように設けた。そこにはブラインドをつけ、部屋として閉じたいときは閉じられるように可変的なものとしたのである。さてこの窓で囲われた階段空間の平面形は建物のメインの軸からは斜めに振れた形状である（形状）。それによってその両側にできた空間は台形になるのだが、両側ともにその斜め線が機能的に有効に使われている。3つ目の光の扱いは家族5人の楽しい空気を生み出したいという願いからそこに黄色い光（色）を充満させるべく黄色いカーテンを設置した。楽しい室内空間が生まれていると思う。最後の課題である本棚は階段脇の壁をあてることにした。階段空間は前後、上部に至るまでガラスで囲むことで透明感のある、明るい読書空間となった（透明性）。

There are Venetian blinds that can be pulled down as needed to create a closed environment for the rooms inside the house. If you see the staircase surrounded by the window glass on the plan, it touches diagonally to the main axis of the building (form). As a result, trapezoid space was made on both sides of the staircase and its diagonal lines are effectively used to provide useful functions on both sides. With respect to the third issue of light, a yellow curtain was installed to fill the room with yellow light (materiality) in the hope of creating a fun atmosphere for five members of the family. For sure a fun indoor space emerged. As for the last issue, I made book shelves on both sides of staircase. Because the staircase is surrounded by glass in three directions, bright and transparent reading space was created (transparency).

居間　Living room

居間/食堂　Living / dining room

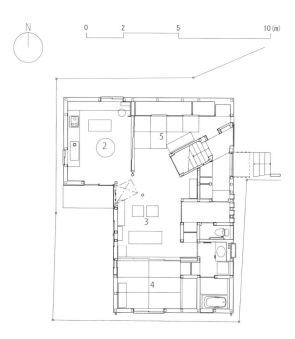

1　玄関　entrance
2　食堂　dining room
3　居間　living room
4　室1　room 1
5　室2　room 2
6　居間/食堂　living / dining room
7　階段室　staircase
8　室3　room 3
9　寝室　bed room
10　テラス　terrace

Ground floor S=1:200

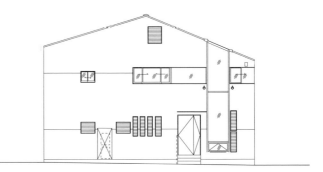

East elevation S=1:200

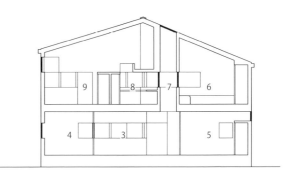

Section S=1:200

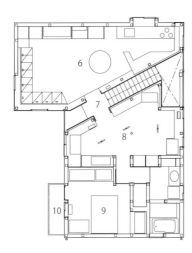

First floor S=1:200

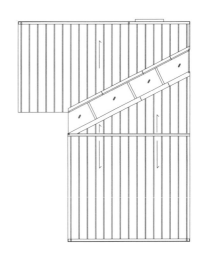

Roof plan S=1:200

ホタルイカ
Firefly Squid

客席1　Guest seats 1

道路側外観　Street view

庭夜景　Garden night view

課題を見つける

この建物は東京神田の小さな敷地に建つ、シェフの家が2階にあるイタリアンレストランである。敷地は50m²強で延べ床90m²という小さな建物である。神田では土地の有効利用が義務づけられていて、建物の最低容積率を決めている。しかしオーナーが所有している土地を全部敷地にしてしまうと、建物が大きくなり過ぎて予算に合わ

This is an Italian restaurant in the center of Tokyo. The site and budget were very tight. The issue was how to make the best use of this tiny land. The answer was to put a tiny garden on the tiny land for guests to enjoy and feel a bit of spaciousness.

ない。そこで所有する敷地の8割を確認申請上の敷地として、2割を使わない部分とし、しかしそれをどう使うかを考えた。

　こうした法律の制限は往々にして負の力になるのだが、うまく使えば正の力になる。それが一番の課題である（環境）。次なる課題として我々が気にしたのは、細いレストランはカウンター式にするのが常道だが、カウンターだけだとグループ客が入れない。そこで奥にグループ席をつくりたい。そこでカウンターの背後を気持ち良く歩けるようにすることが重要と考え、カウンター席背後の歩行空間のつくり方を課題2（プログラム）とした。さらに、イタリアで数年間修業をしたシェフのイタリアンでエキゾチックな雰囲気をどうやってつくるか？　これが課題3（感情）（物）である。

答えをつくる

課題1に対しては細い敷地に細い建物を挿入して、それに平行して敷地外の細い庭をつくった。これはカウンターに座るまでの動線において感じられる庭である。この細い庭を眺めるために腰から下に横長連続窓をつくった（包容・排他性）。平面形は直角を基本とした矩形（形状）を挿入した。というのも敷地が長方形であり、狭い場所で多くの形は入れられないからである。

　しかし一方、断面的には課題2と大きく絡み、カウンター席背後の歩行空間を考えた。人間の体は肩の幅が大きいので足元より上に行くにしたがって広がる形状とした（形状）。このほうが歩きやすいはずである。そのために、柱を少し斜めに倒す必要が生まれ、この柱だけを鉄骨で基礎からキャンチレバーで立ち上げた。これによって断面形状はデフォルト的平面とは異なり、

便所　Toilet

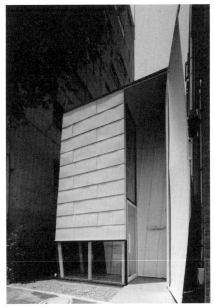

入り口　Entrance

斜線を取り入れたものになっている（形状）。課題3のイタリアらしさであるがこれはカウンター内の緑色、トイレの赤色、エントランスの緑のカーテンなど色のメタファーに頼ることにした（色）。

こうやって生まれた形状は、この神田の街路のなかでは圧倒的に小さな建物となっており、周囲との関係性で言えば完全に独立的な見え方となっている。これは当初より商業施設として狙っていたことであり、建物自体を一つの看板とすることである。さらに夢のなかに沈潜した建築を神田の文脈のなかで人々に強く意識してもらうデザインとなっている（協調・独立性）。

客席1から入り口側を見る
View from the guest seats 1 toward the entrance side

1　ポーチ　porch
2　玄関　entrance
3　客席1　guest seats 1
4　台所　kitchen
5　便所　toilet
6　客席2　guest seats 2
7　階段室　staircase
8　室1　room 1
9　浴室　bathroom
10　室2　room 2

First floor S=1:200

N

Ground floor S=1:200

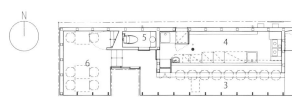

0　　　2　　　　　5　　　　　　　　10 (m)

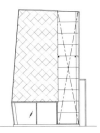

South elevation S=1:200

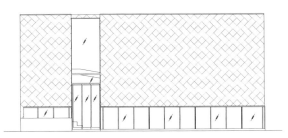

West elevation S=1:200

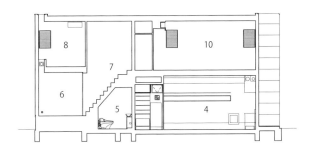

Section1 S=1:200

Section2 S=1:200

ジグザグルームズ

Zigzag Rooms

2003

南側外観　South exterior

東京都心に建つ住宅であり、北側隣地に建つマンションから室内が丸見えになるのを防ぐことが大きな課題であった。そのために窓と壁を交互にジグザグに配置した。壁を北側マンション側に向け、ガラス窓を南側に斜め配置した（形状）。これによって南の陽と庭を楽しみながらプライバシーを確保した空間をつくり上げた。

This is a house in the center of Tokyo. The key issue was how to protect the privacy of the resident because a condominium standing on the north side is directly overlooking the planned site. To solve the problem, windows and walls were arranged alternately in a zigzag , with the walls facing the condominium to the north and the windows obliquely facing the south (form). This layout successfully created a space where residents can enjoy the sun and a garden while preserving their privacy.

広間1　Hall 1

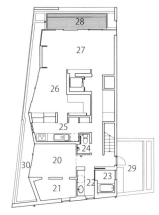

Second floor S=1:300

First floor S=1:300

1　玄関　　entrance
2　勝手口　sub entrance
3　玄関ホール　entrance hall
4　広間1　hall 1
5　室1　room 1
6　室2　room 2
7　室3　room 3
8　台所1　kitchen 1
9　便所1　toilet 1
10　洗面所1　lavatory 1
11　浴室1　bathroom 1
12　駐車場　parking
13　階段室　staircase
14　音楽室　music room
15　書斎　study room
16　便所2　toilet 2
17　広縁　wide deck
18　和室　japanese room
19　収納　storage
20　主寝室　master bedroom
21　クローゼット　closet
22　洗面所2　lavatory 2
23　浴室2　bathroom 2
24　便所3　toilet 3
25　台所2　kitchen 2
26　食堂　dinning room
27　広間2　hall 2
28　バルコニー1　balcony 1
29　バルコニー2　balcony 2
30　バルコニー3　balcony 3

N

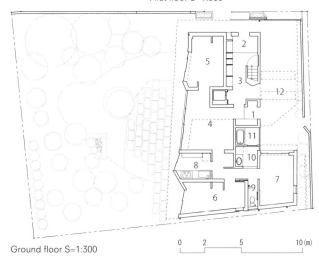

Ground floor S=1:300

0　　2　　　　5　　　　　　　10 (m)

大小の窓

Large & Small Window

東京23区内の閑静な住宅地の角地に建つ二世帯住宅である。4世代7人が住む必要面積を生み出すためには地上だけ利用していると面積が足りないと判断した。地下（延べ床面積にカウントされない）を使った居住環境のつくり方が課題であった。それに対して地下の窓を最大限にし、地上部はプライバシーを考慮して窓を最小限にするという答えをつくった（大きさ）。［共同設計者：木島千嘉］

It is a two-family house standing on the corner area of a quiet residential district in Tokyo. The total floor area on and above the ground was not sufficient to accommodate seven people from four generations. The issue was how to create a comfortable living environment with the effective use of the basement (not counted in the total floor area). The answer was to install large windows in the basement and give minimum window space above the ground to preserve privacy. (size) [joint work with Chika Kijima]

東側外観　East exterior

みんなの部屋2　Room for everyone 2

みんなの部屋1上部
The upper part of the room for everyone 1

1階から2階への階段
Staircase from the ground floor to the 1st floor

東側外観夜景　Night view of east exterior

みんなの部屋1　Room for everyone 1

寝室4　Bedroom 4

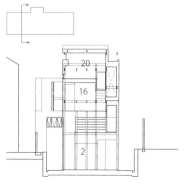

Section 1 S=1:300

Section 2 S=1:300

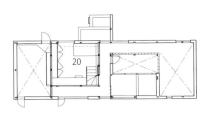

Second floor S=1:300

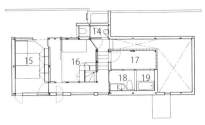

First floor S=1:300

中庭夜景　Night view of the courtyard

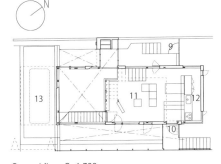

Ground floor S=1:300

0　2　5　10 (m)

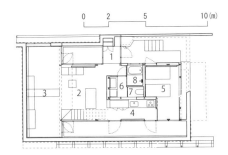

Basement floor S=1:300

1　玄関1　entrance 1
2　みんなの部屋1　room for everyone 1
3　寝室1　bedroom 1
4　台所1　kitchen 1
5　寝室2　bedroom 2
6　洗面所1　lavatory 1
7　便所1　toilet 1
8　浴室1　bathroom 1
9　玄関2　entrance 2
10　玄関3　entrance 3
11　みんなの部屋2　room for everyone 2
12　台所2　kitchen 2
13　駐車場　parking
14　便所2　toilet 2
15　寝室3　bedroom 3
16　寝室4　bedroom 4
17　中庭　courtyard
18　洗面所2　lavatory 2
19　浴室2　bathroom 2
20　寝室5　bedroom 5

三窓

Three Windows

軽井沢の別荘である。周辺3方向の風景が素晴らしく、すべてを等価に取り込みたいという課題設定からY字形の平面形を挿入した（形状）。建築空間において2方向以上を視野に入れる視覚の多方向性は常に意識していることである。それは多様な世界を引き受ける窓の特質を強化することにつながる。

It is a villa in Karuizawa. The site commands a splendid view of surrounding landscapes in three different directions. The main issue was how to capture them equally. As a consequence, a Y-shaped structure in a plan view was inserted in a house (form). Whenever I work on a design, I am always aware of the need to provide multi-directional viewpoints in architectural space, which leads to the enhancement of the characteristics of window as a receiver of various things in the world.

テラス夜景　Night view of the terrace

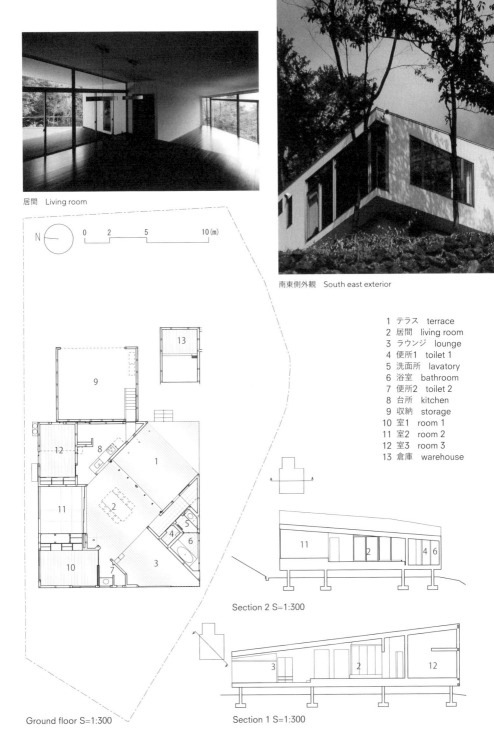

居間 Living room

南東側外観 South east exterior

1 テラス terrace
2 居間 living room
3 ラウンジ lounge
4 便所1 toilet 1
5 洗面所 lavatory
6 浴室 bathroom
7 便所2 toilet 2
8 台所 kitchen
9 収納 storage
10 室1 room 1
11 室2 room 2
12 室3 room 3
13 倉庫 warehouse

Ground floor S=1:300

Section 2 S=1:300

Section 1 S=1:300

角窓の家

Corner Windows

2006

道路からの外観　Street view

課題を見つける

東京近郊に建つ住宅である。都内と違って比較的広い土地をどう使うかというのが課題1である（環境）。また現状の家族5人は、ある子どもは仰向けになって本を読み、ある子どもはみかんを食べ、母親は電話をして父親は我々と話をしている。それぞれがそれぞれの活動をしながらこたつでつながっている。こんな家族の緩いつながりをどう空間としてつくるかが次の課題である（感情）。次に3人の子どもがいて、その子どもの世界を感覚的にどうつくるかが課題3である（感情）。また敷地は大きな傾斜地で雛壇造成された一画であり、どのように建物を周囲に馴染ませるかが課題4である（環境、物）。さらに交差点に面した建

This is a house for a family of five located in the suburbs of Tokyo. The issue was how to take advantage of a space which is a bit larger than the typical residential lots in the center of Tokyo . We decided to use the site as much as possible and put the wall on the boundary of the site. All windows were placed on corners to provide various views from the house.
[joint work with Chika Kijima]

駐車場　Parking

物道路側と内側の表情のつくり方とプライ
バシーの守り方が最後の課題であった（環
境）。

答えをつくる

課題1の広い敷地は郊外ならではの特徴
である。その敷地の広さを極力利用して平
屋的な家を考えた。そこで敷地有効利用
のために建物を道路境界ギリギリに建てて
建ぺい率上建てられない部分をまとめて中
庭化することを考えた。そうなると形状は
敷地の隅切りもあり、斜め線を多く含む形
式となる。建物高さを低く抑え、軒線を隣
地の造成高さに合わせることが可能となっ
た。課題4の雛壇を含めた周辺環境との協
調（協調・独立性）が生まれた。

　課題2の家族の関係性は部屋の緩い分
節関係によってつくろうと考えた。コの字
形の平面形に緩い段差をつけながら場所
をつくるが壁は立てない。仕上げはすべ
て杉で統一した（平坦・階層性）。課題3の3
人の子どもの空間は大きなコンクリートヴォ
リュームからは隔離した。空中に浮遊した
水のような爽やかな場所とすることを考え、
真っ青に塗装した（色）。子どもたちが海の
中を遊泳しリラックスした気持ちになるよう
にした。

　最後に建物の道路側と内側の表情であ
るが、窓を平面的にも断面的にも角につけ
るというルールを設定した（部分・全体性）。
表側はやや細く小さく中があまり見えない
ように、裏側（中庭側）は大きく開放的に設
置した。角につける窓はサッシュが複雑に
なり水への対処からも高度な技術を必要と
するが、その分視界の広がりが確保できて
建物から見える風景に新鮮さを付加するも
のとなる。［共同設計者：木島千嘉］

居間1　Living room 1

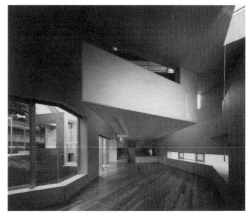

居間1　Living room 1

1 駐車場　parking
2 ポーチ　porch
3 玄関　entrance
4 居間1　living room 1
5 台所　kitchen
6 洗面所　lavatory
7 浴室　bathroom
8 便所1　toilet 1
9 寝室　bedroom
10 クローゼット　closet
11 書斎　study room
12 階段室　staircase
13 テラス　terrace
14 居間2　living room 2
15 子供室1　kid's room 1
16 子供室2　kid's room 2
17 子供室3　kid's room 3
18 便所2　toilet 2
19 ロフト　loft

First floor S=1:200

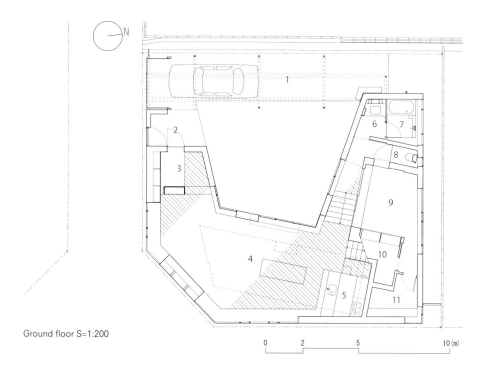

Ground floor S=1:200

0　2　5　10 (m)

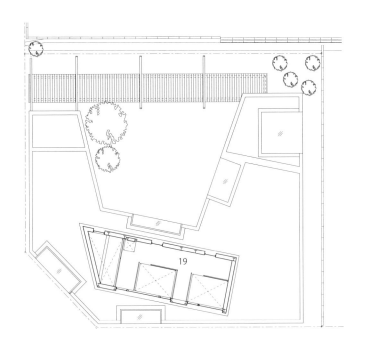

Loft floor S=1:200

Section 1 S=1:200

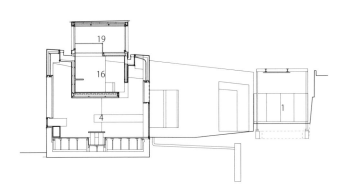

Section 2 S=1:200

窓はこの節の冒頭で記した通り、人と人、人と物、物と物をつなぐとともに光や風を建築に取り込む部品である。つまりそこにはさまざまな流れが通り抜けていると言える。これは窓をつくっている頃は強く自覚していたわけではなかった。しかし私の建築理念が「流れと淀み」に至る最初の重要なステップだったのだと後から思うのである。

7 フレームをつくる
Making Frame

ここまで紹介した6つの建物では見つけた課題に対して窓を活用することで答えをつくり出してきた。ここからはこの窓の概念を拡張した「フレーム」を活用することで答えをつくったプロジェクトを紹介したい。フレームというのは窓と同質ながら窓を拡張した建築エレメントである。窓は一般的には建物外壁につけた光や風を取り込む部品である。そしてフレームはガラスがはまっていない内外部の三方枠、四方枠、あるいは内部のガラス窓など窓の集合を包含するさらに多くのエレメントを取り込んだ建築部品の総称とここでは考えている。

するが幼稚園

Suruga Kindergarten

渡り廊下　Connecting corridor

南側外観　South exterior

課題を見つける

静岡県富士市に位置する幼稚園の部分建て替えである。3棟ある建屋の中央の建物が老朽化した。地震の可能性の高いこの地域で耐震補強、あるいは建て替えの要請を市からも受けていた。建て替えを決めたクライアントの要望は次の2つだった。この建屋の縁側が両サイドにある建屋の連絡通路になっているのでその機能を維持してほしいこと（プログラム）。加えて台風の多いこの地域で、雨の強い日でもその縁側が水浸しにならないようにすること（環境）。そこで、この強い要望をそのまま重要課題とすることにした。というのもそのスクリーンはきっと建物のファサードとして物質感をもたらすはずと考えたからである（物）。さらに課題2として、それまでの建物のもって

Identifying Issues

It is a partial reconstruction of a kindergarten located in Fuji City, Shizuoka Prefecture. There were three buildings and the middle one was older than the others, and the local government requested the client to carry out seismic reinforcement or reconstruction, because this is a highly earthquake-prone area. The client, who decided to rebuild the central building, strongly requested us that the veranda must be maintained because it functions as a connecting passage to the buildings on both sides (program). In addition, they want to keep the veranda from flooding because this area is hit by many typhoons that bring torrential rains (environment). Therefore, we chose these

いる画一化した教室が多様な表情をもつこ
とを考えることにした（プログラム）。最後の
課題として子どもたちにとって楽しい場所
とすることを考えた（感情）。

答えをつくる

縁側を雨から守るには庇を長くするのが最
初に考え得る方法だ。しかしクライアント曰
く、雨は横からも降るので庇だけでは防ぎ
きれないということだった。そこで雨よけス
クリーンをつけることを考えた。しかし当然
ながら教室の採光を妨げるものは使えない
から、そのスクリーンは透過性の高いもの
が求められる。かといってガラスでは園庭

渡り廊下俯瞰　Connecting corridor from above

strong requests as the key themes. I
was thinking about using a screen as a
rain deflector which should surely help
enhance the physical presence of the
building facade (things). Furthermore,
as the second theme, we decided to
turn the uniform appearance of the
classrooms in the current building to
give more diverse expression (program).
Lastly, we wanted to make it an
enjoyable place for children (emotion).

Finding Solutions

To protect the veranda from rain, my
first thought was the extension of the
eaves. However, the client argued
that the longer eaves cannot deflect
the rain coming in from both ends.
Then, I thought about putting on a
rain screen. Needless to say, anything
that interferes with incoming daylight
in the classroom cannot be used. The
screen must be highly transparent,
but it is not safe to use glass because
children playing in the garden may run
into it, break it, and get hurt.

The material that I came up with
was polycarbonate. Polycarbonate
of three-layer structure was not
commercially available in Japan,
so I got it through parallel import
and installed it. This translucent
wall unexpectedly brought a soft
texture and transparency to the
entire building (transparency). When
we consulted with the city office
about this polycarbonate wall, they
said that the material cannot be used
for outer walls because it is not non-
combustible, and that it must be

で遊ぶ園児たちがぶつかってガラスを破損して怪我をするかもしれないので安全上使えない。

そこで浮上した材料がポリカーボネートである。日本では市販されていない3層構造のポリカーボネートを並行輸入して取りつけた。この半透明感は期せずして建物全体に柔らかいテクスチャと透明感をもたらしている（透明性）。またこの壁について役所と相談をするとポリカーボネートは不燃材ではないので外壁としては使えない、あくまでスクリーンでなければいけないと言われ、スクリーンの条件として開口率50％以上と言われた。そこで我々は50％開口率のデザインを考えた。

その穴の開け方のヒントはいくつかあった。1）スクールバスが入ってきて建物に寄りつく場所をつくり、そこから園児がバスに乗れるようにすること、2）各教室から外が同じように見えてくること、3）園児がくぐり抜けたり跨いだりして楽しく遊べること、4）園児がスクリーン内で遊びながら園庭にいる友達と適度に話ができること、などである。

それぞれの開口には木枠をつけ、全体の風圧には鉄のフラットバーを立ててそれを頂部で建物本体に固定している。これによってこの縁側は単なる縁側ではなくて雨の日の遊び場にもなっている。このスクリーンはつまり建物の内外部をつなぐフレームなのである。またこのフレームは平面的に緩やかにカーブさせることで園庭の子どもたちを抱擁する効果を期待している（形状）。

さて課題2であるが、まず画一化を回避するために一般的に教室の4隅に柱を立てるラーメン構造をやめた。一室あたりの柱数と梁数を増やし、それぞれの柱梁を

treated as a screen which is required to have more than 50% of openings. The challenge for us was a design with 50% aperture.

We came up with a few ideas.
1)The school bus directly approaches the building and the children can get on the bus through the opening.
2) Children can have equal amount of outside view from each classroom.
3) Children can play around the screen by passing through the aperture and straddling the lowered screen.
4) Children should be able to talk with friends in the garden while playing behind the screen, etc.

Wooden frame is attached to each aperture, and the screen was attached to iron flat bars which is fixed to the building body at the top to withstand the whole wind pressure. This makes this veranda not just a veranda, but also a playground for rainy days. This screen is a frame that connects the interior and exterior of the building. And this screen is gently curved in a plan view to create an impression of gently embracing the children playing in the playground (form).

Now, I had to work on the second theme, getting rid of uniform appearance of classrooms. I avoided the typical rigid frame structure with pillars at the four corners; instead, I put many columns and beams in each room, displaying them as design elements to create intentional ruggedness. Children's lockers were installed between the columns, and

デザインとして見せて部屋の凸凹をあえてたくさんつくることを考えた。そして柱の間には子どものロッカーをつくり、梁の横には天井向きの照明を設け、凸凹を有効活用した。また最後の課題については、ロッカーとスクリーンを支える柱、縁側に設けた靴箱、トイレのブースはさまざまな色をちりばめた。とくにスクリーンの柱の色は園庭に既存の子どもの遊具の色を参照して外部と馴染ませるように考えた（色）（協調・独立性）（包容・排他性）。［共同設計者：木島千嘉］

the ceiling-facing lighting was placed beside the beam to enhance the room's unevenness. The lockers and the pillars that support the screen, the shoeboxes on the rim, and the toilet booth were painted in various colors. In particular, I chose the color of the column of the screen to be compatible with the existing playing equipment in the garden (color) (harmony・independence) (inclusiveness・exclusiveness).
[joint work with Chika Kijima]

便所1　Toilet1

保育室5 Nursery room5

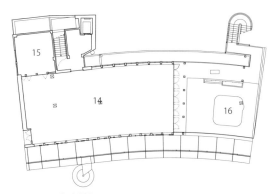

Second floor S=1:500

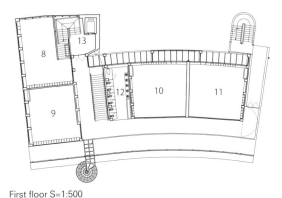

First floor S=1:500

1 渡り廊下　connecting corridor
2 保育室1　nursery room 1
3 保育室2　nursery room 2
4 保育室3　nursery room 3
5 保育室4　nursery room 4
6 便所1　toilet 1
7 収納　storage
8 保育室5　nursery room 5
9 保育室6　nursery room 6
10 保育室7　nursery room 7
11 保育室8　nursery room 8
12 便所2　toilet 2
13 エレベーターホール　elevator hall
14 会議室　conference room
15 楽器庫　instrument storage
16 仮設プール　outside temporary pool

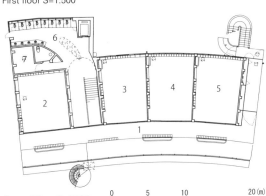

Ground floor S=1:500

0　5　10　　20 (m)

Section S=1:500

リーテム東京工場

Re-Tem Tokyo Factory

道路側外観　Street view

事務室　Office

課題を見つける

東京湾の埋め立て地に建つリサイクル工場である。東京都の事業コンペに勝ち建設することになった。コンペには簡単なデザイン案もつけていた。そこでは建物をガラス張りにして工場内の活動をまちを歩く人に可視化することを考えていた。しかしコンペ後敷地が変わり、接道長さが短くてそのアイデアは実現不可能になった。

どうしたら接道長さが短い新しい敷地でリサイクルの啓発活動ができるかが課題1であった（プログラム）。さらにこうした社会に開かれた工場を考えるということは、果たしてリサイクル工場が多く建つこの埋め立て地の共同性として妥当なものであるかどうかも検討事項である（共同性）。

またリサイクル工場は一般に清掃工場と

Identifying Issues

This is a recycling factory on a reclaimed land in front of Tokyo bay. It was the winning proposal of a business competition run by Tokyo metropolitan government. We attached a design proposal to the business plan in which we proposed to cover the entire building with glasses so that people walking on the street can see the inside. Unfortunately, the idea became irrelevant because the site was changed to a new one after the competition and the length of the new site facing the street turned out to be too short. Thus the first challenge was how we could educate people in the community about the activity of the recycling factory on this new site. (issue 1)

して扱われる。しかし、そうではなく新しいビルディングタイプであることを印象づけるための物としての価値をどのようにつくるか、さらにその物は海に接するこの場所の塩害を考慮したものであることが課題2である（環境）（物）。

答えをつくる

建物の啓発性をつくるには建物の敷地内を見せる必要がある。そのために道路側の建物をピロティ化（フレーム）して敷地内部を見渡せるようにした。加えて運び込まれたリサイクル品の流れ貯蔵、解体の一連の流れ、さらに解体するためのさまざまな機械も外部において見えるようにする提案をした。リサイクル工場が行政からはゴミ処理場として扱われるためにこの開放性を許可してもらうには1年かかった。行政としては建物全体を大きな箱で覆い、中身が見えないように密閉することが慣例だったからである。もちろんそうした開放性は行政の許可だけが問題ではない。この島全体のコミュニティ（ほとんどがリサイクル会社である）における共同性として了解されなければならないことでもあった。

　課題2についてはまず、この建物で行われているシュレディングというアクティビティが建物の表情として現れてくることを考えた。そこで2層目の建物表層の肌理を細かい部分の集合（シュレディングのメタファー）と考え、ガラスの下見張り（温室サッシュ）で構成した（大きさ）。ガラスで被覆するのは塩害への配慮でもある。さらに透明と半透明のガラスをランダムに配置することで自然な表皮を生み出した。その表皮の下は肌色4色でランダムに塗装したセメント板で構成した（色）（肌理）（透明性）。

Also, we needed to consider whether its open design can be accepted in this community where recycling plants are concentrated (community). Additionally, recycling factories are generally regarded as a kind of garbage processing plant, but we wanted to create a new value with its bold design and impress people with it. Another issue was how to protect the waterfront building from salt damage. (issue 2) (environment) (things)

Finding Solutions

In order to put on educational quality, we needed to show the inside of the site. We chose pilotis structure to elevate the office area facing the street, which actually functions as a frame through which the activities happening on the factory site can be seen from outside. We also proposed that other main factory activities can be observed from outside, including the delivery of to-be-recycled materials, storage, and the flow of disassembly and disassembly machine. It took a full year to convince the municipality of the merit of exposing these activities, because it was customary for them to treat this type of building as a garbage processing plant, in which case all the walls and roofs need to be covered to make it invisible from outside. The issue of openness was not only the problem with the local government. We also had to convince the companies operating on this man-made island, majority of which were recycling factories, to accept us as a peer in this community. (community)

As for the issue 2, we proposed to design the exterior wall that is indicative of what is happening inside the building, that is, shredding. We treated the exterior of the second floor of the building as the assembly of small parts (metaphor for shredding) (size) by using glass sidings for glass house, glazed by the light aluminum frame randomly placing transparent and opaque glass to create natural texture. The glass was also for the protection of the surface from salt damage. Under the glass skin, cement panels randomly painted with 4 types of skin colors were placed. (color) (texture) (transparency)

オフィス部分外観　View of the office from the ground

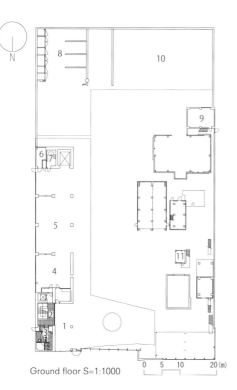

Ground floor S=1:1000

0　5　10　　20 (m)

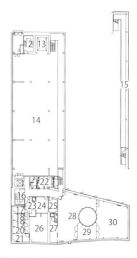

First floor S=1:1000

破砕物置場　Debris room

破砕機械夜景　Night view of shredding machine

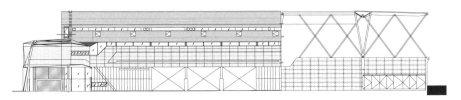

Elevation S=1:1000

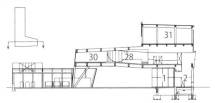

Section 1 S=1:1000

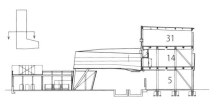

Section 2 S=1:1000

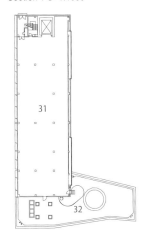

Second floor　S=1:1000

1	駐車場　parking	17	仮眠室1　napping room 1
2	玄関ホール　entrance hall	18	仮眠室2　napping room 2
3	便所1　toilet 1	19	仮眠室3　napping room 3
4	秤量室　weighing room	20	仮眠室4　napping room 4
5	解体作業場　demolition work place	21	当直室　night-duty room
6	機械室　machine room	22	便所2　toilet 2
7	階段室1　staircase 1	23	浴室　bathroom
8	倉庫　warehouse	24	更衣室1　dressing room 1
9	電気室　power room	25	更衣室2　dressing room 2
10	破砕物置場　debris room	26	休憩室　resting room
11	選別室　sorting room	27	書庫　book room
12	階段室2　staircase 2	28	事務室　office
13	エレベーター　elevator	29	打合室　meeting room
14	作業場　workshop	30	コミュニケーター室　communicating room
15	キャットウォーク　catwalk	31	保管室　storeroom
16	階段室3　staircase 3	32	屋上　rooftop

旧富士製氷工場
Former Fuji Ice Factory

トンネルと階段　Tunnel and staircase

課題を見つける

山梨県富士吉田市の使われなくなった製氷工場のリノベーションである。3階建ての製氷工場は窓も少なく、閉鎖的であった。閉鎖的な工場を開かれたコミュニティ施設にするのにどこをどのように開放的にするのかが課題であった（プログラム）（共同性）。

答えをつくる

もちろんそこには物理的な開放だけではなく、意味のうえでの開放が求められる。そこでこの下吉田地域のコミュニティをひもとく必要がある。それは建物のプログラムを左右することである。しかし着工するまでにそうしたことはよく分からなかった。工事中にとある保育園の方がこの地域に保育園をつくりたいと申し出てくれた。そこでこの建物の1階は保育園、その延長で2階をコミュニティキッチン、3階はまちづくりNPOのオフィスとなった。

　そこで地上から3階までをつなぐ階段部分を視覚的に露出して、ここにトンネルのような穴を設けることにした（フレーム）。そこに現れる鉄骨やその補強ブレースは既存建物の物質性（物）として建物の歴史を語るものとなった。またコンヴァージョンは建物がすでにそこにあったわけであり、その場所の歴史と風景を継承するものとなる（協調・独立性）。

This is a renovation of an ice factory in Fujiyoshida City that is no longer used. The challenge was how to remake the closed space into a community facility open to the public. The answer was to make a large tunnel-like space on the first floor, glazed on three sides, that penetrates the east end of the building from north to south.

事務所2　Office 2

2階テラス　Terrace on the first floor

広場側外観　Exterior view from the plaza

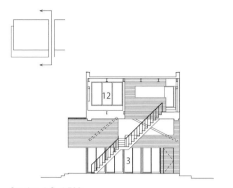

Section 1 S=1:300

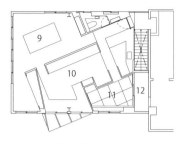

Second floor S=1:300

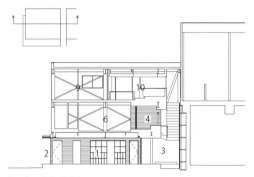

Section 2 S=1:300

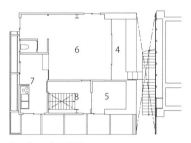

First floor S=1:300

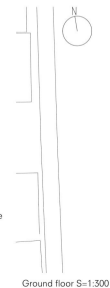

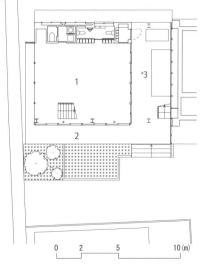

N

1 保育園　nursery
2 縁側　japanese-style loggia
3 トンネル　tunnel
4 テラス　terrace
5 事務所1　office 1
6 多目的室　multipurpose space
7 台所　kitchen
8 階段室　staircase
9 打合室　meeting spcae
10 事務所2　office 2
11 和室　japanese room
12 土間　earth floor

Ground floor S=1:300

0   2   5   10 (m)

8 リフレームする
Reframe

2015年の冬に私はウィーン工科大学教授のエルンスト・ベネーダを東京理科大学に招き1週間のワークショップを行った。そのときの彼の課題は「都市のシークレット・スペース」というタイトルだった。東京のまちに人知れず存在する宝石の原石のような空間を探し出し、それを磨いて宝石にせよというものであった。磨いて宝石にするとはその場所に何か建築的な操作をするということである。学生が探してきたそういう密かな場所には共通の特徴があった。それはこれらの場所が周囲の文脈から切断されていることであった。それゆえに周囲と異なる特別な場所になっているのである。

その翌年、2016年の3月に今度は私がウィーン工科大学のエルンスト教授のスタジオに行きワークショップを行い、ウィーンのまちの中に周囲の文脈とは切り離され不連続な空間を探し、それを磨きなさいという指示をした。私の行ったことはエルンスト教授が東京でやったことのウィーン版である。さらに私はそこで「東京の不連続性」というレクチャーを行った。東京における都市の不連続面を紹介し、その不連続面で人々がまちを自覚しまちの中で覚醒する契機を得るという説明をした。

このワークショップはその後東京、ウィーンと交互に行われた。そこでのポイントは都市空間内でA—B—Aとつながる不連続面を見つけることであった。その不連続性は人々の心に作用し、心を覚醒し、それが都市を自覚する契機となると考えていた。そんな狙いのもとにつくられた学生のプロジェクトの一つにウィーンの高架環状線の下を貫通するトンネルをつくるものがあった。都市の不連続を経験する経路をつくろうとするものだった。

都市の中で不連続性が見る人の印象に残るという指摘はケヴィン・リンチの『都市のイメージ』[2]にも記されていることである。リンチは人々の記憶に残る要素を調査し、5つの要素を抽出した。それらはエッジ、パス、ランドマーク、ノード、ディストリクトであった。これらは都市の印象的な構成要素で、一見都市をつなぎとめるものであるが、実は都市の流れ

を切断したり、淀みをつくったり突出したりする要素なのである。言い換えれば都市の不連続面や点を構成するものである。しかし、だからこそ人々の記憶に残るのである。

　この連続ワークショップを行っている頃に私は2冊目の作品集[3]を上梓し、そこでそれまで重視していたフレーム概念に加えリフレームという概念を定義し、その重要性を謳った。リフレームにはいくつかの意味がある。それは室内にデザインしたフレームを再度「強調」する。そのために「色・プロポーション・形状」を特異なものとする操作を意味している。言い換えるとフレームの一つを他とは異質なものとして空間をA—A—Aとつなぐのではなく、A—B—Aとつなげようとするということである。そうすることで異質なBを感じられるようになる。別の言い方をすれば連続性を止めて、不連続をつくろうと考えた。都市で考えていることと建築で考えていることがつながってきたのである。

　つまり、単なるフレームから一部リフレームする設計へと移行したのである。この変更は第1章で述べた他律的で開放性を目指すもののなかに自律的で自閉的な場所の導入を意図している。また同様に第1章で指摘した建築の広告性（人々に自覚されづらい性質）から建築を救い、人々の意識に浮上してくるものへ変容することを期待したのである。

2　ケヴィン・リンチ『都市のイメージ』（丹下健三、富田玲子 訳、岩波書店、2007）
3　坂牛卓『Architecture as Frame and Reframe』（三恵社、2016）

高低の家
High-Low House

居間1から食堂1（リフレームスペース）を見る　View of the dining room 1 (reframe space) from the living room 1

道路側外観　Street view

高低の家は東京23区内に建つ二世帯住宅＋賃貸住宅である。道路側に駐車スペースを取ることが条件だったので敷地奥に横長のヴォリュームを置き、3つのユニットを挿入することとなった。そこで3つのユニットを同一断面の中に入れて、建物全体の統一を取ることが課題となった。その課題に対して水平垂直で構成される高低差のある断面形をつくり、空間の抑揚をつけることとした。それによって圧縮され（大きさ）、茶色く塗られ（色）、リフレームされた不連続空間をつくるという答えをつくり出した。

The High-Low House is the complex of a two-family house and a rental housing in Tokyo. To satisfy the precondition of placing a parking space on the road side, a horizontal volume was placed in the back of the site, into which three units were inserted. The main issue was the proper cross-sectional alignment of the three units to unify the whole building. The answer was to design a cross section composed of horizontal and vertical lines with a difference in elevation to add inflection in the space. This created a reframed discontinuous space painted in brown (color) and compressed by the low ceiling (size).

廊下1　Corridor 1　　　　　　　　廊下2　Corridor 2

食堂1（リフレームスペース）から居間1を見る　View of the living room 1 from the dining room 1 (reframe space)

食堂1（リフレームスペース）　Dining room 1 (reframe space)

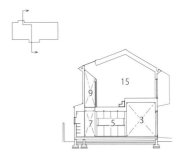

Section S=1:300

East elevation S=1:300

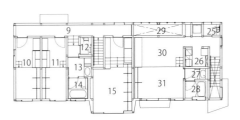

First floor S=1:300

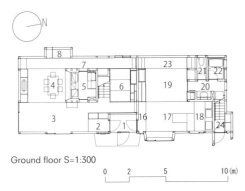

Ground floor S=1:300

0　2　5　10 (m)

貸室の居間3
Living room 3 of the rental room

1　ポーチ　porch
2　玄関1　entrance 1
3　居間1　living room 1
4　食堂1　dinning room 1
5　台所1　kitchen 1
6　和室　japanese room
7　廊下1　corridor 1
8　収納　storage
9　廊下2　corridor 2
10　室1　room 1
11　室2　room 2
12　便所1　toilet 1
13　洗面所1　lavatory 1
14　浴室1　bathroom 1
15　寝室　bedroom
16　玄関2　entrance 2
17　食堂2　dinning room 2
18　台所2　kitchen 2
19　居間2　living room 2
20　洗面所2　lavatory 2
21　便所2　toilet 2
22　浴室2　bathroom 2
23　廊下3　corridor 3
24　玄関3　entrance 3
25　便所3　toilet 3
26　台所3　kitchen 3
27　洗面所3　lavatory 3
28　浴室3　bathroom 3
29　吹抜け　void
30　食堂3　dining room 3
31　居間3　living room 3

三廊下の家

Three-corridor House

山梨県の3世代4人家族の住宅である。もともと中廊下の家に住んでいた家族は中廊下の家の使い勝手が好きということで中廊下を尊重することが課題だった（プログラム）。それに対して中廊下を空間的にも強く強調した空間（大きさ）としてリフレームし、さらに南北に2本の廊下をつくることで家全体の使い方の自由度を増す設計とした。

It is a residence for four people across three-generations in Yamanashi Prefecture. They used to live in a house with a corridor in the center of the building and they liked the convenience of it. Thus, the issue was to preserve the importance of the central corridor (program). The answer was the reframing of the central corridor as a strongly emphasized space (size), with the addition of two corridors in the north and south sides to increase the degree of freedom for the use of the entire house.

廊下1（リフレームスペース）　Corridor 1(reframe space)

1	玄関	entrance	9	廊下2 corridor 2
2	収納	storage	10	台所 kitchen
3	寝室1	bedroom 1	11	洗面所 lavatory
4	書斎	study room	12	浴室 bathroom
5	和室	japanese room	13	便所 toilet
6	居間	living room	14	寝室2 bedroom 2
7	廊下1	corridor 1	15	寝室3 bedroom 3
8	食堂	dining room		

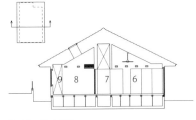

Section S=1:300

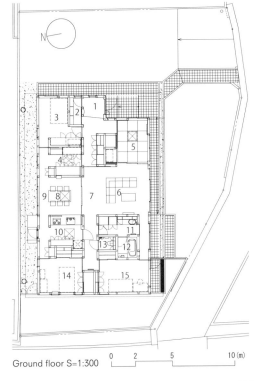

Ground floor S=1:300

0 2 5 10 (m)

廊下1（リフレームスペース）
Corridor 1 (reframe space)

南側外観　South exterior

内の家
House House

吹き抜け　Void

課題を見つける

東京23区内に建つ高齢の父親とその息子世帯（家族4人）が住む二世帯住宅である。このプロジェクトは敷地を探すところからお手伝いをした。クライアントはこの敷地の前面道路の逆側に公園があるのをたいへん気に入り、洪水の危険があるにもかかわらずこの土地を購入した。そこでこの公園の風景の取り込み方が重要課題であった（環境）。また公園第一で購入した敷地だったので、必要延べ床をつくるには敷地はやや小さく、ロフトなどをつくり狭さをどのように解消するかが課題2（プログラム）（共同性）である。

またクライアントは家族の構成員すべてに個室をつくることをリクエストした。そこで5つの個室の関係性をどうつくるかが重要に思われ、そのことを課題3とした（プログラム）。さらにクライアントは外断熱を要望した。外壁は外断熱の一般的なつくり方をするとモルタルペンキとなり木造住宅の

道路側外観　Street view

Identifying Issues

It is a two-family house in Tokyo where an old father and his son's family (four people) live. This project started from finding a building site for them. The client purchased the site, despite the risk of flooding of the river nearby, because he found a favorite park across the street. Therefore, how best to capture the scenery of this park was the primary issue (environment). In addition, the site was a little too small to secure the required total floor area, and the second issue was how to overcome the narrowness by creating a loft (program) (community).

The client also wanted individual rooms for all family members and the relationship between these five private rooms became important, hence the third issue (program). Moreover, the client requested outer insulation. Typical finish of outer insulation wall is a mortar and paint, just like the finish of a wooden house, which might give somewhat mediocre impression. Besides, the normal finish of exposed concrete for inside walls was also unexciting. As a result, how to create interesting texture for the inner and outer walls became the fourth issue (thing).

Finding Solutions

On the first floor, we placed a large room with a full length of the site facing the street and a wide window with a full length of the room. The height of the window sill is 800mm, and the floor on the first floor is raised 700mm in consideration of flooding,

ようになるのだが、それはやや凡庸に思えた。また内部も普通にやれば打ち放しコンクリートとなるのだが、それも面白くない。そこで内外壁のテクスチャのつくり方が課題4となった（物）。

答えをつくる

1階に敷地幅一杯の居間をつくり、その居間一杯の横長の窓をつくった。窓台の高さは800mmで、1階の床は洪水を考えて700mm上げてあるので、窓下端は道路から1.5m上がって道路を歩く人と目が合うことは少ない。そこでこの横長窓は道路の上を通過して公園の風景をダイレクトにキャッチすることができるのである。ここでは窓の大きさが重要である（大きさ）。

　5つの個室のうち父親の部屋は1階奥に配置した。息子家族の4つの個室は吹き抜けまわりの2層目に3つ、3層目に1つ配置した。それぞれの個室にはロフトを上下どちらかに1つずつ配置した。そしてそれぞれの個室、ロフトのすべてに吹き抜けに面した穴を設け、お互いの存在を感知するようにした。この吹き抜けに面した穴の穿たれた壁は言い換えるとフレームなのである。そしてこのフレームが面する吹き抜けを真っ白く塗り1階の真っ黒い空間と対照的なものにして強調した。ここに白いリフレームされた空間が生まれたのである（色）（肌理）。またこのリフレーム空間の断面形はファサードの家型に類似した形であり、もう一つの家を吹き抜けの空間の形で表している。ファサードが実の家ならリフレーム空間は虚の家となっている（形状）。それぞれの塗装はコンクリートの上にスポンジで叩きわざとムラをつくる仕上げとした（テクスチャ）。

so the bottom of the window is 1.5 meters high from the road level and it is unlikely to have eye-contact with people walking on the street. It means that this very wide window (size) provides the direct view of the park over the road. In this case, the size of window was very important (size).

Of the five private rooms, the parents' room was located at the back of the first floor. The four rooms of the son's family were placed around an atrium, three on the second floor and one on the third floor. A loft was placed in each room either above the floor or under the floor. All the lofts have holes facing the atrium through which the occupiers can feel each other's existence. Each of these holes are, in other words, a frame. The atrium facing the frames is painted white to contrast with the black-colored space on the first floor. The atrium has been re-framed (color) (texture). The sectional shape of the void (re-framed space) is similar to the shape of the façade, reproducing another house in the void space. In other words, the façade shows the real house and the void shows the mirage of the house (form).

室5　Room5

吹き抜け内階段　Staircase in the void

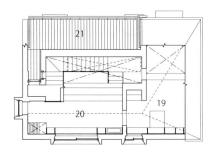

First floor 2 S=1:200

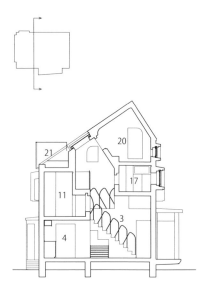

Section S=1:200

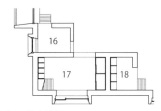

Loft floor S=1:200

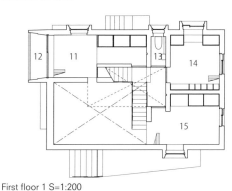

First floor 1 S=1:200

1 駐車場　parking
2 玄関　entrance
3 居間/食堂　living/dining room
4 台所　kitchen
5 勝手口　service entrance
6 洗面所　lavatory
7 浴室　bathroom
8 室1　room 1
9 便所1　toilet 1
10 テラス1　terrace 1
11 室2　room 2
12 テラス2　terrace 2
13 便所2　toilet 2
14 室3　room 3
15 室4　room 4
16 ロフト1　loft 1
17 ロフト2　loft 2
18 ロフト3　loft 3
19 ロフト4　loft 4
20 室5　room 5
21 屋上　roof terrace

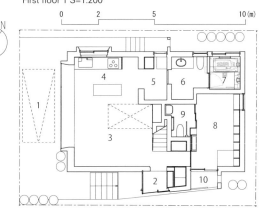

Ground floor S=1:200

0　　2　　　5　　　　10 (m)

パインギャラリー
Pine Gallery

ギャラリー1　Gallery 1

課題を見つける

茨城県水戸市に建つ企業のギャラリーである。この企業は100年前にこの場所で創業した。この建物は創業者のつくった本社ビルをつくり替えたものである。5代目社長の最初のリクエストは東日本大震災で崩壊寸前になった創業本社建屋を修復するものだった。そしてこの建物の前面道路は計画道路で、リノベーションするなら10mセットバックが必要だった。しかしダメージを受けたこの建物は曳家が難しかった。クライアントの下した決断は、10mセットバックしたところに元の建物と同じ大きさで同じ色の建物をつくることだった。そこで100年の歴史を蓄積し、家族の記憶の継承とすることがまずは最初の課題であった（感情）。

　新しくつくる建物は創業以来の企業の歴史的な記念品を展示しておきたいとのことだった。小さなギャラリーなのだが、おそらくそれでは現本社からも遠いし、単なる倉庫になるのではないかと危惧した。そこで新たな地域への開かれた空間を挿入することを提案し了承された。よって2つ目の課題はこの開かれた場所のつくり方だった（共同性）。この開かれた空間と復元する空間をどのように組み合わせるのかが次なる課題だった。

答えをつくる

開かれた空間は地域への関わりを考えると道路側につくるのが良かろうと最初は思った。しかし前面道路は交通量が多く、たとえ開いたとしても心地良い空間になるとは思えなかった。そこで逆側に開き、その前面に庭をつくり、庭に開かれた縁側のしつらえとした。さらに昔からその庭に植えられていた松の木が古く創業一族の記憶に

This is a complex of gallery and community space which was converted from the previous headquarters building of Re-tem corporation. The first request from the client was the simple renovation of the building damaged by the East-Japan Earthquake. The key question was whether this project is a pure renovation. The answer was it is more than that. A new publicly accessible space was created and combined with the renovated headquarters, making this facility a cozy gathering place for the community.

道路側外観　Street view

広間より庭を見る　View toward the garden from hall

庭からの眺め　Garden view

残る木ということで、その木を残すことにした。その木を一望できる開かれた空間を考え、メガホンのように広がった空間を挿入することにした（形状）（階層・平坦性）。

そのメガホン形の空間と復元した切妻屋根のオレンジの空間（色）（共同性）をどのように接合するかが次なるテーマであった。ここに連続的な2つの空間を並べるのではなく、不連続な空間を接続しようと考えた。リフレーム空間の必要性をこの頃感じていたからであろう（協調・独立性）。そこで開かれたメガホン形空間は内側を木と畳の空間としながらも、外側は黒いリン酸処理した亜鉛メッキ鋼板で包んだ。それをオレンジの復元切妻の内部空間の中に挿入した（色）（肌理）。それによって庭に開かれた明るい木質和風と、2×12インチの家形フレームで支えられた大空間の衝突が生まれた。

この不連続性はもちろん全体性を考えた統一ではなく、部分を部分で考えてぶつけるという関係性で成り立っている（部分性・全体性）。また平面形のつくり方は松の木の位置をきっかけに斜め線を方形ボックスに差し込むデザインとして考えられた（形状）。色についてはオリジナルの色とはいえ大胆なオレンジ色であるが、黒い鉄板と適度なコントラストを生み出していると考えている（色）。

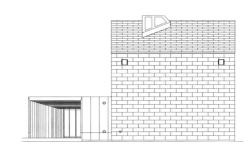

East elevation S=1:300

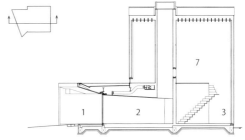

Section S=1:300

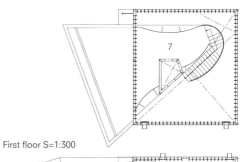

First floor S=1:300

1 テラス　terrace
2 広間　hall
3 ギャラリー1　gallery 1
4 台所　kitchen
5 便所　toilet
6 玄関　entrance
7 ギャラリー2　gallery 2

0　2　5　10 (m)

Ground floor S=1:300

茜の家

2015

Madder Red House

道路からの眺め　Street view

課題を見つける

老後を楽しむ二拠点居住のための千葉の家である。クライアントは陶芸の趣味があり、東京にあるマンションの他に陶芸のできる住処を千葉の別荘地に計画した。敷地は海にほど近い丘の中腹にある。斜面の途中につくる家である。建物を斜面にどう置くかが最初の課題であった（環境）。次に来客と母親のための寝室を含め3つの寝室と居間、浴室、工房をどのようにつなげるかが課題2である（プログラム）。さらに老後の住処というのは単なる住居にはない余生を過ごす、ほのぼのとした温かみがほしいと思った。それをどう表現するかが課題3（感情）である。

答えをつくる

斜面に建物を水平に置くことにした。長い基礎が出てくると足元が重たくなるからである（形状）。また部屋数が多いのだが、

Identifying Issues

The house was built in Chiba for a client who wants to enjoy a dual life in both Tokyo and rural area after retirement. He wanted a separate space for his hobby of pottery outside Tokyo where his main residence is located. The house was planned on a site in the middle of the hill near the sea. The first issue was how to put the building on the sloped site (environment). The next challenge was how to create smooth connections among the rooms―three bed rooms for the client, his mother, and guests, an atelier, a bathroom and a living/dining room (program). The third issue was how to express the feeling of warmth of a retirement life in this second house (emotion).

Finding Solutions

I decided to put the building horizontally because I didn't want to give a heavy impression to the building by exposing the base (form). Next, I put all the rooms under a big sloped roof because I wanted to minimize the surface area for the possible salt damage due to its location (part / totality). The connection of seven rooms in a single-storied house required corridors. To establish an efficient link through the corridor while creating disruptions through reframing, I placed a starfish-shaped entrance hall in the center of the house from which all seven rooms are connected via radiating corridors. (hierarchy / flatness). The hall, right under the ridge of the gable, has a high-

ギャラリー　Gallery

ファサード　Facade

建物は大きな切妻屋根の下に1つのヴォリュームでつくることとした。塩害の可能性もある場所なのでなるべく表面積は小さくしておこうと考えた（部分・全体性）。7つの部屋を平屋でつなげるとなると、少なからず廊下が発生する。この廊下を合理的につくり、さらにリフレームした不連続性を生み出そうと考えた。そこでエントランスホールを建物の中心に据えてその中心から7つの部屋をヒトデのような廊下で結びつけることを考えた（階層性・平坦性）。そしてその中心の空間を切妻の棟の下に置いて天井の高い空間として茜色に塗った（色）。この色を選んだ理由は課題3にある老後の温かさという感情の表現である。さらにその表面はローラーで跡をつけてテクスチャをつけた。加えてコーナーの入隅出隅を円形にして柔らかさを生み出した（形状、肌理）。またこの茜色は各部屋の折り上げ天井内にも使った。

ceiling which I painted in madder red. I chose this color because I thought it is the expression of the warmth of the life after retirement (color). Certain texture was added to the wall surface with a paint roller. In addition, internal/external angle of corners were smoothed out to give a soft feeling (form) (texture). Coved ceiling in each room was also painted in madder red.

寝室　bedroom

居間　Living room

テラス　Terrace

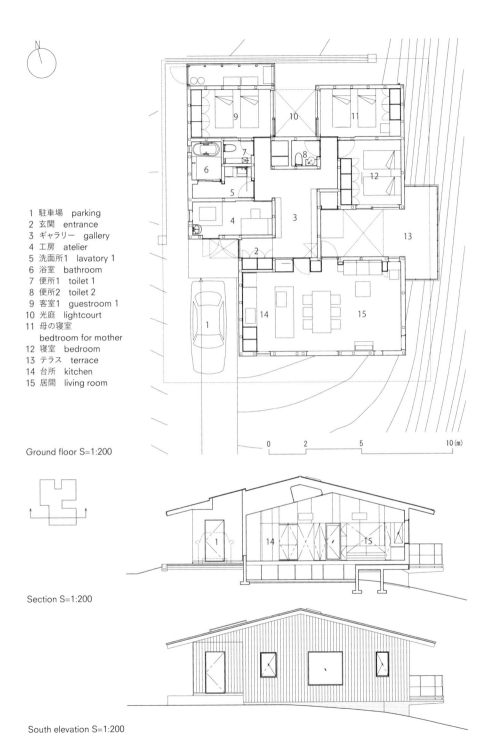

1 駐車場　parking
2 玄関　entrance
3 ギャラリー　gallery
4 工房　atelier
5 洗面所1　lavatory 1
6 浴室　bathroom
7 便所1　toilet 1
8 便所2　toilet 2
9 客室1　guestroom 1
10 光庭　lightcourt
11 母の寝室
　　bedtroom for mother
12 寝室　bedroom
13 テラス　terrace
14 台所　kitchen
15 居間　living room

Ground floor S=1:200

Section S=1:200

South elevation S=1:200

軽井沢トンネル

Karuizawa Tunnel

長野県軽井沢の別荘である。周辺の建物を視界に入れたくないというクライアントの要望から台形の平面形態が決められた（形状）。そこで都会からこの場所に着いて、建物の見えない風景に至るまでの空間のつながり方を演出するのが課題であった。そこで駐車場に着いてから玄関に入り、そこから周辺建物の見えない庭が見えるまでのつながりを台形のトンネルとしてつくる答えを考えた。

This is my client's second house in Karuizawa. It has a trapezoid shape on a plan because the client didn't want the view of the neighboring houses from his house (form). The key issue was how to create a smooth sequence of client's movement from the porch to inside the house, in which he arrives from Tokyo by car, gets off near the entrance door, and go inside the space where he could enjoy the view of Karuizawa with no neighboring houses in sight. For this purpose, a tunnel-like space with a trapezoid shape was designed.

東の庭からの眺め　View from the east garden

ポーチ　Porch

居間　Living room

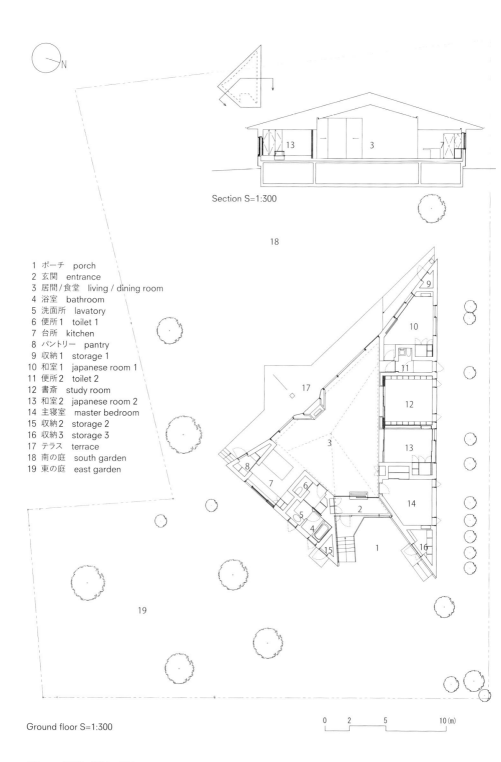

Section S=1:300

1　ポーチ　porch
2　玄関　entrance
3　居間 / 食堂　living / dining room
4　浴室　bathroom
5　洗面所　lavatory
6　便所1　toilet 1
7　台所　kitchen
8　パントリー　pantry
9　収納1　storage 1
10　和室1　japanese room 1
11　便所2　toilet 2
12　書斎　study room
13　和室2　japanese room 2
14　主寝室　master bedroom
15　収納2　storage 2
16　収納3　storage 3
17　テラス　terrace
18　南の庭　south garden
19　東の庭　east garden

Ground floor S=1:300

0　2　5　10 (m)

流れをつくる
Making Flow

2018年から2年の間に4件の建物が完成して1つのプロジェクトが生まれた。そこではこれまで行ってきた「窓」や「フレーム」をつくる設計を根本的に変えることはないのだが、それらの見方がだいぶ変化した。それまでは窓やフレームが何かと何かをつなぎとめるものであり、人、視線、光、風を取り込むものと考え、その窓やフレームの物理的なあり方に興味を注いでいた。しかしながら、2018年頃からそうした物理的なあり方よりもそこを通り抜ける人、視線、光、風そのものの性状に興味が移動してきた。性状といってもいろいろな側面があり、それらの動き、それらの気持ち（人だったら）、それらの形、それらの速さなどであり、そういう性状をコントロールすることが建築を設計することなのかもしれないと思うようになったのである。

Anyplace. work Fujiyoshida

2018

Anyplace.work Fujiyoshida

山梨県富士吉田市の古いオフィスビルの一層をコワーキングスペースにするリノベーションである。コワーキングスペースの個人スペースと共同スペースの関係をどうつくるかが最初の課題。次に富士山という眺望をどう取り入れるかが2つ目の課題（プログラム、環境）となった。そこで個人スペースをガラスカーテンウォールに沿ってリング状に配置して、そこに人の流れをつくった。そして中央部にやや高い共同スペースをつくりそこに人が滞留して富士山の眺望を楽しむ計画とした（形状）。

It is a renovation project that turned a floor of an old office building in Fujiyoshida City into a coworking space. The challenge was how to define the relationship between personal space and shared space and how to incorporate the view of Mt. Fuji (program, environment). The personal space is arranged in a ring shape along the glass curtain wall to create a flow of people. The shared space was created on an elevated area in the center where people get together to enjoy the view of Mt. Fuji (form).

受付　Reception

1 玄関　entrance
2 受付　reception
3 印刷室　print space
4 打合せ個室　meeting booth
5 個室1　booth 1
6 個室2　booth 2
7 電話ブース　phone booth
8 個室3　booth 3
9 個室4　booth 4
10 収納1　storage 1
11 打合せ室　meeting room
12 便所　toilet
13 台所　kitchen
14 休憩室　resting room
15 コワークエリア　coworking area
16 多目的スペース　multipurpose space

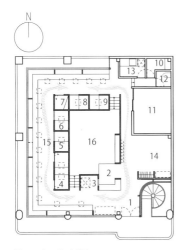

Floor plan S=1:300

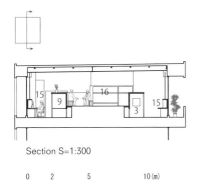

Section S=1:300

0　2　5　10 (m)

多目的スペースにつながる階段
Staircase toward the multipurpose space

多目的スペース　Multipurpose space

Fuji Public

Fuji Public

成長する塔　Growing tower

空に登る　Toward the sky

山梨県富士吉田市にある富士急行線の下吉田駅前広場に面した古い住宅をリノベーションしてカフェにする。加えてその住宅上部に富士山が望める展望台をつくるというプロジェクトである。空に向かって連なる人の流れをどのように紡ぐかが課題（プログラム、環境）である。これに対してこのあたりでよくある屋根の上の物干台にヒントを得て、3つの物干台をくぐり抜けながら空に向かう流れをつくり出した（形状）。[共同設計者：宮晶子]

This is a project to renovate an old house facing a square in front of Shimoyoshida Station, a railway station of Fujikyuko in Fujiyoshida City, to make a cafe with an observatory at the top where you can see Mt. Fuji. The challenge was how to create a smooth flow of people going up to the observatory (program, environment). With a hint from a clothes-drying platform typically seen on the roof around here, we created a line of flow toward the sky that passes through three clothe-drying platforms.　[Co-designed with architect Akiko Miya]

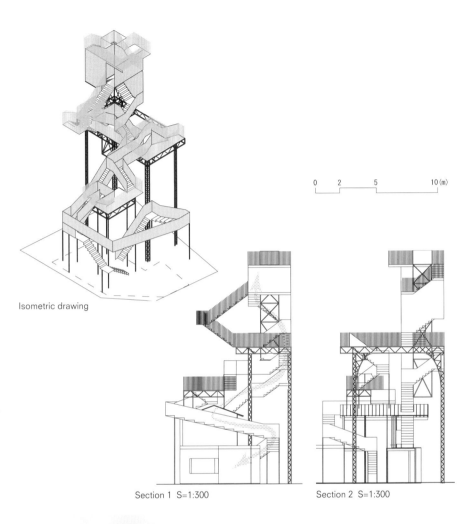

Isometric drawing

0   2   5   10(m)

Section 1 S=1:300

Section 2 S=1:300

駅前広場でのライブ風景　Concert scene at the square of the station

子どもの家
House for Children

家庭で生活することのできない6人の子どもが集う子どもの家である。生活支援スタッフが子どもたちを見守ることができること、かつ子どもたちはそうした視線から逃れられること。そうした適度な距離感をつくるために、子どもたちが流れるように動き回れる流れをつくることが課題（プログラム）であった。それに対して敷地の高低差を利用して室内に緩やかな階段をつくり、流れをつくった（形状）。

It is a house for six children who cannot live in their homes. Life support staffs need to watch over the children, and the children want an opportunity to get out of their sights. In order to create an agreeable distance between them, the challenge was to create a line of flow that allows the children to move around without worrying about the adults' eyes (program). Using the height difference within the site, gently sloped staircase was installed to produce the flow (form).

道からの眺め　Street view

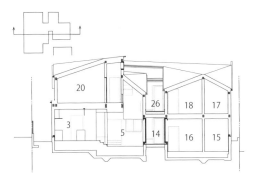

Section S=1:300

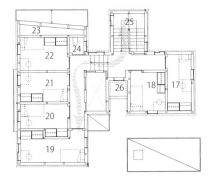

First floor S=1:300

広間の吹き抜け　Void above the hall

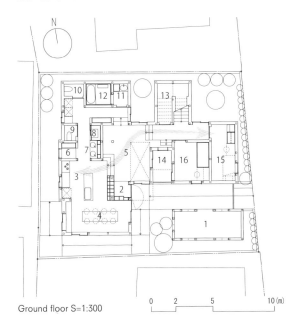

N

Ground floor S=1:300

0　　2　　5　　　　　10 (m)

1　駐輪場　bicycle parking area
2　玄関　entrance
3　台所　kitchen
4　食堂　dining
5　広間　hall
6　勝手口　sub entrance
7　洗面所1　lavatory 1
8　パントリー　pantry
9　便所1　toilet 1
10　便所2　toilet 2
11　洗面所2　lavatory 2
12　浴室　bathroom
13　収納　storage
14　テラス1　terrace 1
15　室1　room 1
16　室2　room 2
17　室3　room 3
18　室4　room 4
19　室5　room 5
20　室6　room 6
21　室7　room 7
22　室8　room 8
23　ロフト　loft
24　便所3　toilet 3
25　階段室　staircase
26　テラス2　terrace 2

Fujihimuro

Fujihimuro

ギャラリー2　Gallery 2

ホールからエントランスを見る　View toward the entrance from hall

課題を見つける

使われなくなった製氷工場脇の氷貯蔵所（氷室）を改装した貸しギャラリーである。山梨県富士吉田市はその昔織物産業が栄え、その労働者が通った歓楽街のためにできた製氷工場と氷室だったと聞く。氷室は天井高5m、約30m²程度の部屋が5つで構成され、その内装は1つを除いて木製すのこの内壁である。氷が直接壁につかない配慮である。この既存内壁は昔の用途の名残として残し、このテクスチャの力を期待し、照明をつける程度の操作を加えることとし、5つの部屋と入り口をどのようにつなげるかを課題1とした（プログラム、環境）。そうなるとそのつなげる物の材料がもつ表現の強さが全体を決めてくるわけで、そのつなげる物が課題2となった（物）。

This is a gallery converted from an unused ice storage attached to an ice factory. I wanted to preserve the old structure of this building as much as possible. Apart from this, a key challenge was how to reproduce the image of Mt. Fuji inside most effectively. The answer was to create a space looking like an ice cave without touching the existing structure. For this, we designed a tunnel with a catenary curve line (form) with fiber reinforced plastic (FRP) to remind the visitors of ice tunnels around Mt. Fuji or clear waters from the mountain (transparency) (texture).

答えをつくる

4つの部屋にはそれぞれステンレス製の小さな遮熱ドアがあるだけである。部屋同士をつなぐ場合、建物が古いので新たに開口を開けるのは避けたい。そこで端の1部屋を除いて4つの部屋の既存開口をつなぐ線を描いてみると曲線でつなぎ合わせられそうであった（形状）。そこでここにヒトデのようなトンネル空間をつくり、4つの室をつなぎ人の流れをつくろうとした。そのつなぎの空間は美術館でいえばロビーのようなもので、展示室間にある一息入れる場所である。そこでその一息の空間を富士山にちなみ、富士山周辺にある氷穴、あるいは富士で想起される水をイメージする半透明のFRPでつくることとした（透明性）（肌理）。

受付　Reception

入り口　Entrance

ギャラリー3　Gallery 3

ホール　Hall

ホールを上から見る　View of the hall from above

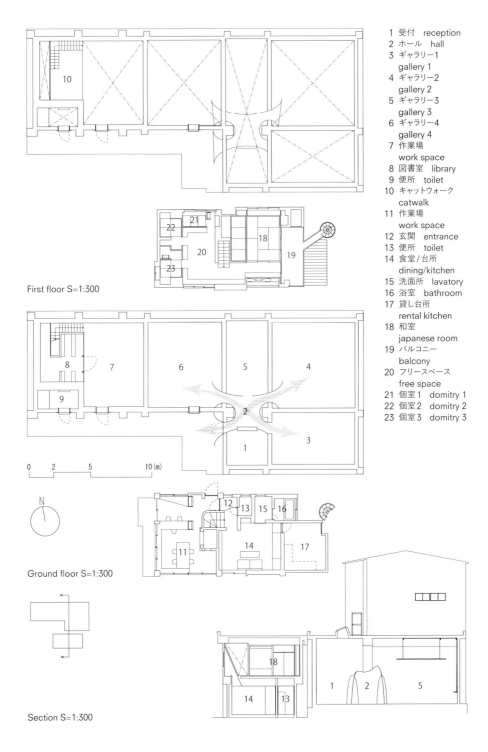

1 受付　reception
2 ホール　hall
3 ギャラリー1
　gallery 1
4 ギャラリー2
　gallery 2
5 ギャラリー3
　gallery 3
6 ギャラリー4
　gallery 4
7 作業場
　work space
8 図書室　library
9 便所　toilet
10 キャットウォーク
　catwalk
11 作業場
　work space
12 玄関　entrance
13 便所　toilet
14 食堂／台所
　dining/kitchen
15 洗面所　lavatory
16 浴室　bathroom
17 貸し台所
　rental kitchen
18 和室
　japanese room
19 バルコニー
　balcony
20 フリースペース
　free space
21 個室1　domitry 1
22 個室2　domitry 2
23 個室3　domitry 3

First floor S=1:300

0　2　5　10 (m)

N

Ground floor S=1:300

Section S=1:300

運動と風景
Movement and Scenery

アルファスペース　α space

2019年の4月に東京都心に建つ住宅が完成した。これは流れを誘発するプロジェクトのまとめのようなプロジェクトなので少し詳しく説明したい。

　この住宅は「流れ」と「淀み」を主軸において考えているという意味ではこれまでの建築の延長上にある。しかし、ここではさらにもう一歩踏み込んで建築を捉えようとしている。

　建築にはさまざまな能力がある。モダニズムの時代には目標とされた機能を充足することが問われた。しかし昨今、目標とされた機能の充足以外にもさまざまな能力が期待されていると思う。そこで私は建築が使う人に内省する契機を与える能力というものを考えてみた。

A residential building in the heart of Tokyo was completed in April 2019. Let me give a detailed explanation about this work since it summarizes a series of projects intended to generate a "flow".

The "flow" and "stagnation" are the core concepts of this house. In that sense, it is an extension of a set of architecture I have been designing since 2018. With this project, I went one step further to deepen my view about architecture .

Architecture has various roles to play. In the modernism era, it was expected to fulfill required functions in the society. Today, the society is expecting more from it. When I designed this house, I thought about its ability to provide an opportunity for introspection to its users.

Not all building types need to have this ability equally. In my view, the more private the architecture (autonomous or closed), the more important it becomes, and the more public (heteronomous or open), the less important. In other words, the importance of such ability increases primarily for residential and religious buildings, and secondarily for museums, theaters, schools, and hospitals, etc., but may not be so important for commercial facilities. In any case, I came to believe that it is one of the most important abilities of architecture. Thus, I decided to make it a central theme for this project.

In realizing this potential, the starting

道からの眺め　Street view

この力はすべてのビルディングタイプにおいて同等に保有される必要があるとは思わない。おそらく建築がプライベートに（自律的に、閉鎖的に）なればなるほど重要となり、パブリックに（他律的に、開放的に）なればなるほどその重要度は軽減すると思われる。言い換えると住宅系、宗教施設などでは重要度が高く、美術館、劇場、学校、病院などが次に位置する。一方商業施設などではあまり重要ではないかもしれない。しかしその多寡はあれど、建築のそうした能力は建築ならではの重要な能力である。そこで私はこのプロジェクトの大きな課題としてみたいと考えた。

そしてその考えを具現化していくときに私のなかで出発点となったのは私たちの感覚の問題である。私たちは日々その日の体調や気分や天気や体験によって自らの感覚をめまぐるしく変化させている。同じものを見ても昨日と今日では異なる感情を抱くことも多々ある。しかし私たちはそうした自らの感覚の機微にまったく無頓着である。なぜだろう。ベルクソンはそのことをこう説明している。⁴「だが、本当は同一の感覚…は存在しない。…人間の魂のなかには、ほとんど進行しかないからだ。…どんな感覚もくりかえされて変化している。それが日々変化しているように見えないのは、わたしがその感覚を、その原因である対象をとおして、またそれを翻訳する言葉を通して受け取っているからだ」

たとえば建物の中に大きな打ち放しコンクリートの壁があるとする。その壁はとても迫力のある壁として目に焼きついたとする。そしてそれは「打ち放しコンクリートの壁」と言葉で呼ばれる。焼きついた映像と「打ち放しコンクリートの壁」という言葉は明日

point for me is to understand our sensibilities. Every day, our emotions change constantly depending on our physical conditions, moods, weather or experiences of the day. Very often, we have a different feeling towards the same thing from yesterday. The fact is, we are completely insensitive to the subtlety of our own sensibilities. Why? Bergson explains this as follows ("*Time and Free Will*"):

However, there are no same emotions. ... because there is almost only progress in the human soul. ... any feeling is repeatedly changing. But the reason why It doesn't seem to change from day to day is that you receive that sense through the object that is the cause of it and through the words that is translated from it.

Suppose there is a large exposed concrete wall inside a building. Its massiveness is particularly impressive to you, and "exposed concrete wall" is its given name. A clear physical image burnt into your brain and the term "exposed concrete wall" will not change tomorrow or the day after tomorrow. And even if you have different feelings towards this wall from day to day, they are kept deep inside you, without coming out to the surface, together with your first impression (feelings) of the wall that has been objectified. And the very first emotion evoked from the word "exposed concrete wall" is preserved in you along with that term. Thus, subtle emotional fluctuations you experience every day are completely

1階　Ground floor

buried and done with by the first saved image and words.

Meanwhile, the act of introspecting and thereby searching for the meaning of life is made possible by faithfully accepting the feelings you have every day. With this project, I wanted to realize it as much as possible.

What does it mean to sense constantly changing feelings? People live and work while receiving a lot of information from surrounding environments. The amount of information is so large that all they can do is to respond to each piece of information by processing its superficial meaning. There is usually no time to investigate its true meaning, search for its subsidiary meanings, and link them with their own memories and embrace the images they evoke. However, when reading poetry, for example, you cannot fully enjoy the reading experience unless you are completely absorbed in it and appreciate the depth of meaning of those letters. In other words, introspection is nothing other than confirming one's own feelings while accepting and enjoying various associations derived from them. After all, the architecture through which its users confirm the meaning of life is the architecture that offers its users the opportunity to sink into the deepest area of your consciousness.

Now, I want to recall the words of Bergson quoted earlier as a hint for thinking about such architecture. We

になっても明後日になっても変化しない。そして住人は毎日この壁に違う気持ちを抱いていたとしても、その気持ちは表面化することなく最初に焼きついた、つまり対象化された姿としてそのときの印象（気持ち）とともに保存される。そして「打ち放しコンクリートの壁」という言葉とともに最初に生まれた感情がその言葉のなかに封じ込められるのである。よって住人の心に毎日生まれるであろう微妙な感情の変化は最初に保存された映像と言葉によって葬り去られることになる。

　しかるに人が内省し、生を確認するというのは毎日感じる感覚を忠実に感じ取ることである。そのうえでそうしたことに少しでも近づく建築をここでは考えようとしたのである。

　さて、この人間の常に変化する感覚を感じ取るということはどういうことなのだろうか？　人は生活をしながら、働きながら周囲からの多くの情報を受け取る。そしてそ

の情報量はとてつもなく多く、人はそれらを処理することに精一杯であり、情報の表層の意味を受け取りながらそれに対応することが普通である。その情報の裏の意味や派生する事柄、あるいはそれにまつわる自らの記憶をたどり、そこから生まれる映像に想いを寄せるというような時間的余裕が普通はない。しかしたとえば詩を読むような場合、そうした文字の深い意味合いにまで自らを沈潜させないことには読む経験を楽しむことはできない。つまり自らを内省するとはこのように自分の感覚を確かめながらその感覚から派生するさまざまな連想を受け入れ味わうことに他ならない。つまり生を確認する建築とは、そうした意識の裏側に沈潜していくような契機をもった建築と言い換えることができるだろう。

are insensitive to our senses because we "receive that sense through the subject that causes it and through the words that translate it." We are not faithful to our senses, but to the object of "concrete wall" and to the words. Then, I wondered if I could remove this objectified concrete wall that makes my sense dull from my mind.

Two methods occurred to me at that time. One was, why not let the users sense the architecture with their feet, not just with their eyes? In other words, have them experience the architecture through their foot by moving around inside it, in addition to the eye which is the main sensor used for objectifying architecture. The other

台所2　Kitchen 2

入り口 Entrance

さてそうした建築を考えるヒントとして先に引用したベルクソンの言葉を思い出してみたい。私たちが私たちの感覚に鈍感になるのは「わたしがその感覚を、その原因である対象をとおして、またそれを翻訳する言葉を通して受け取っているから」なのである。つまり私は私の感覚に忠実なのではなく「コンクリートの壁」という対象に、そしてその言葉に忠実なのである。であるならこの感覚を鈍感にしている対象化されたコンクリートの壁を意識から外せないのかと考えてみた。

そのとき2つの方法が生まれた。1つは建築を目だけで捉えるのではなく足でも捉えてみてはどうか？　つまり一般に建築が対象化されるときに使われる感覚である視覚の代わりに、建築を足の触覚、つまりは建築の中での運動として体感してはどうかということである。もう1つの方法は、建築が対象化されて不動の物になるのはまさに建築の床、壁、天井が不動だからである。しかしその壁や床に孔を穿ち、その向こうで動く人や自然などの別の風景が混入してくるならば、それらは日々変化するものであり、建築を対象化することを防ぐことに一役買ってくれるのではと考えたのである。

こうした2つのこと、つまり建築を「運動」の体感として獲得してその運動のなかで変化する「風景」と出会うこと。これらが建築を対象化や言葉から解放し、使う人が建築を意識の内側で感じ取る可能性を高めてくれるのだろうと期待したのである。

もう一つ私がこの建築を視覚から解放して体感するために考えたことがある。それはタスマニア芸術大学講師のルウェリン・ネグリンが指摘した、川久保玲とイッセイミヤケを評した言葉にヒントがある。曰く、日

way was to create moving sceneries inside the architecture by making openings on the walls and floors and let the view of moving people or nature in. Architecture is objectified and immobilized because its elements such as walls, floors, and ceilings are immovable. Thus, I thought of avoiding the objectification of architecture by constantly changing the sceneries.

It is these two things, the experience through "movement" and the encounter with the "scenery" that changes in the movement, that liberate architecture from objectification and abstraction through words and increase the possibility for users to feel the architecture deep down in their consciousness.

There was another idea that helped me design architecture which can be appreciated through entire body as well as the eyes. It was provoked by a comment made by Llewellyn Negrin, Adjunct Senior Researcher at the School of Creative Arts in the University of Tasmania, in her book about Rei Kawakubo and Issey Miyake ("*Appearance and Identity: Fashioning the Body in Postmodernity*"). According to her, these two Japanese fashion designers, unlike European designers who prefers a tight fit, are successful in liberalizing the clothes from something to be appreciated only visually by deliberately creating slack between the clothes and the surface of human body to enable the body to feel the sensation of movement. Philosophers

本の２人のデザイナーはフィットすることを是とするヨーロッパのデザイナーと異なり、意識的に身体と服の間に隙間をつくり、そこで体が動く感覚をもつことで服を視覚性から解放しているという。哲学者はこの動く感じをキネステーゼと呼んだのだが、この家ではアナロジカルに建築を服に見立て、非常に小さなスケールをあえて使うことでキネステーゼを誘発させている。そしてこの小さなスケールに自覚的になるために大きなスケールも交互に使っているのである。こうすることで住人は建築を強く体感することになるのである。

　以上のように、この住宅プロジェクトでは建築を内省する場、生を確認する場として位置づけ、そこに向けて建築を対象化（視覚化）や言葉に回収されないようにする方策を考えた。1つは運動として体感すること。もう1つは変化する風景を見せる孔によって不動な建築を動的にすることであった。これらの考えは運動という側面では建築の「流れ」をつくっている。また運動の途中に長い踊り場のようなキッチンがあったり、緑が見えて本が読める廊下があったり、外の見える書斎スペースがありふとしゃがみこんだり、寝転んだりしたくなる。つまり運動に変化を与え、淀みを生み出す場所も同時に用意されているのである。

4　中村昇『ベルクソン＝時間と空間の哲学』
　　（講談社、2014）
5　ルウェリン・ネグリン「ファッションの身体的経験」
　　アニェス・ロカモラ、アネケ・スメリク編『ファッションと哲学──16人の思想家から学ぶファッション論入門』（蘆田裕史 訳、フィルムアート社、2018）

called this sensory awareness of movement as Kinesthesis. When I designed this building, I analogized its walls, ceilings, and floors with clothes, deliberately making very small-size space to generate kinesthetic feeling to the residents. Besides, to remind the resident of this smallness, I placed larger-scale spaces alternately. This treatment should enhance the residents' sensibilities towards the architecture.

As mentioned above, in this project, the building is positioned as a place where its residents reflect on themselves and search for the meaning of life, and towards these goals, I employed measures to avoid its objectification and the abstraction through words. One was to create the feeling of kinesthesis. The other was to create dynamism in immovable architecture by showing changing landscapes through various holes. With these ideas, an architectural "flow" is created. In addition, there are a kitchen like a long landing in the middle of the flow, a corridor with a green view where you can read books, and a study with an outside view that makes you feel like sitting down or lying down. In other words, there are also spaces where changes are made to the movement and stagnation are created.

入り口　Entrance

入り口から2つの階段を見る
View from the entrance toward two staircase

居間　Living room

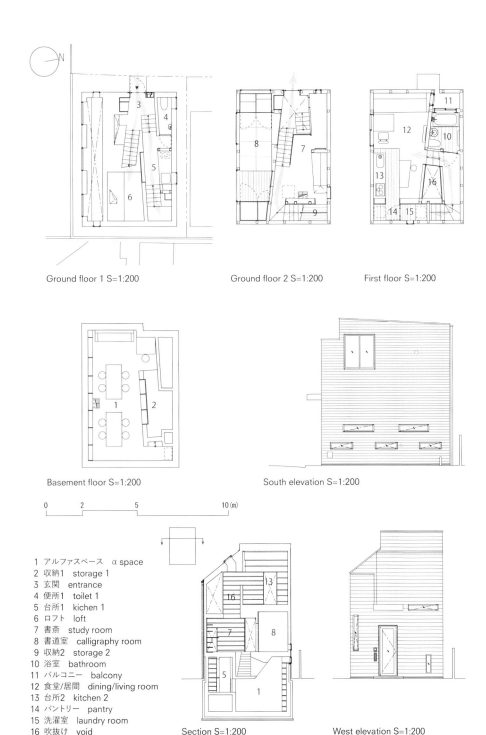

Ground floor 1 S=1:200

Ground floor 2 S=1:200

First floor S=1:200

Basement floor S=1:200

South elevation S=1:200

0   2   5   10(m)

1 アルファスペース　α space
2 収納1　storage 1
3 玄関　entrance
4 便所1　toilet 1
5 台所1　kichen 1
6 ロフト　loft
7 書斎　study room
8 書道室　calligraphy room
9 収納2　storage 2
10 浴室　bathroom
11 バルコニー　balcony
12 食堂/居間　dining/living room
13 台所2　kitchen 2
14 パントリー　pantry
15 洗濯室　laundry room
16 吹抜け　void

Section S=1:200

West elevation S=1:200

建築理念を再考する

Modify the Principle

建築理念を更新する

ここまで、建築理念の紡ぎ方、プロジェクトに対する課題の見つけ出し方、それに対する答えのつくり方を説明してきた。そして抽象的な建築理念が具体的なプロジェクトの課題に答えを出すなかに滲み出てくる様を実例を通して紹介した。

さて私の設計においても皆さんの設計においても、設計した建物は建設され竣工し、設計者はその建物を観照して反省する。自らの建築理念は有効であったのか、それとも不都合なところがありそれを修正すべきなのか、見極めなければいけない。またプロジェクトが始まってから見つけた課題があれば、それにどう答えたかも建築を大きく左右する。さらに、あまり自覚的ではなかった意識や操作が建築に表出していることがある。そのなかに新たな自己の無意識の理念を見つけ出すこともあるだろう。こうしたプロジェクトの反省は完成後の必須作業である。

これらの作業を通して自らの建築理念に変化が表れていると気づくときがある。その場合そのことに自覚的になり、その理由と正当性を自問する必要がある。私がフレーム を意識しながら、いくつかの設計をした後にリフレームに気づいたのはその良い例である。そこで私は自らの理念を更新した。

もちろんこういう変化に事後的に気づくのではなく、事前に意識的に行う人もいるだろう。ル・コルビュジエの戦後のプロジェクトが戦前のキュービックなものから180度逆向きの有機的な曲線へと変化したことや、篠原一男の4つの様式の変遷などはともにこの事前的、自覚的更新の顕著な例である。

建築理念を更新しない

上述のように建築理念は更新されるほうが自然であるという考え方がある。なぜなら時代は刻々と変わっているのだから、我々が参照すべきハビトゥスも変わるべきだという理屈が成立する。となればハビトゥスに依拠している建築も更新されるべきである。しかし一方で

建築というのは一つの創造であり、創造行為とは一定のスタイルを維持すべきものだという考え方もある。それは昔ながらのスタイルをつくることが芸術家の証であるというような考えから言うのではない。そうではなく、ある魅力的な造形なり、使いやすい建築の図式を発見したならばそれを継続することに意味があると考えるからである。その場合あえて無理やり建築理念を更新する必要はないのだと思う。

建築を続ける努力

建築理念を更新しようとしまいと、それらは建築を続けることのうちにしかできないことである。そして一つのことを続けていくのには根気がいるし、続けるための努力もいる。学生時代だと設計をやめて環境をやろうとか構造をやろうとか逃げ道がたくさんある。逃げようという気持ちが起こる時点で設計をやろうという意識がそれほど高くないということでもあるから、それはそれでいいのだろうと思う。問題なのは一度設計を始めた人々が有意義に充実して設計を継続できる環境、心理的状況を失うときである。継続への意思が希薄になるところに設計の向上は見込めない。

　事務所の大小を問わず、設計を始めた頃にはボスがいて指示を受ける。そのボスを尊敬できるような関係でいる間は有意義に充実した設計の継続ができているわけである。問題はそういう関係が築けていない場合にどうするかである。そういう状態になっている理由はいろいろあるが、その改善が難しければその場を辞するしかない。そしてまた新たなボスを探すか、自分でことを起こすしかない。新たなボスのもとで仕事を開始した場合は以前と同様、ボスの質が高ければ問題はない。では自分でことを起こした場合はどうなるか。建築は発注業であるから運良く、あるいは営業が上手で仕事が順調にくることが事務所を進めていくうえでは必要条件である。しかしここではその運営の仕方を問題にはしない。問題はある程度事務所が回っている状況で、しかし建築に飽きてしまう、あるいはマンネリ化してしまうときにどうするかである。そうなる前になん

とか手を打たないといけない。惰性で建築をつくるのはいいことで
はない。そういうときにどうしたら良いのだろうか？ 私はそういうと
きにはいい建築、あるいは自分の好きな建築を見に行くようにして
いる。魅力的な建築こそが自分を建築に駆り立てる最高のエンジン
だからである。

　おそらくどんな建築家にもそういうときがあって旅に出るのだと思う。
篠原一男がアフリカに旅行に行ったのも私にはそんなことが理由
だったのだろうと思えてくる。「亀裂の空間」にある種の限界を、あ
るいは「飽き」を感じた篠原は新たに自らの「建築」を拡張する因子
を探しに出かけたのではないかと思う。旅は効果的である。しかし
旅以外に読書や異なる創造の経験も有効かもしれない。いずれに
しても、それはそれぞれが独自に考え工夫をするしかないことだろう
と思う。しかし継続することにしか建築の設計力向上はない。その
意味では、建築の設計力にもっとも重要なことは継続する力なのか
もしれない。

あとがき
Afterword

　私の建築の考え方に大きな影響を与えた人は複数いる。大学時代の恩師である篠原一男、坂本一成、UCLA時代のチャールズ・ムーア、プロとして建築を始めた事務所のボスだった林昌二の4人は言うまでもない。加えて美学の分野における質料と形式の問題について教えを受けた谷川渥は外せない。その谷川渥が『絵画の制作学¹』という本を編集している。そこで彼はパスロンをひきながら、鑑賞することと制作することという芸術の両輪について述べている。私がこれまで書いた2つの単著『建築の規則』『建築の条件』はそれぞれ東京大学文学部での講義録、早稲田大学文化構想学部での講義録がベースとなっており、双方建築を鑑賞するための補助線の引き方として考案されたものである。しかし実は制作するということは制作の途中で随時制作者が制作途中の作品を鑑賞しているのであり、鑑賞は制作の一部なのである。そこでこれらを含めて制作の全体像を理論化するべきであろうと考えた。思いたったのは『建築の条件』を上梓する2017年の初め頃だった。しかしこの制作論を、誰を対象にどのように書くべきかはかなり迷うこととなった。その書き方にはいくつかの選択肢があったからである。少なくとも3つの方法が考えられた。1)その制作の骨格だけを客観的に書く、2)

そこに自らの事例を加えて説明する、3）むしろ自己の創作論として主観的に記す。そして最終的には2）の方法をとるに至った。その理由は理論が実践で使われている様を示すことこそが、理論の有効性（無効性）をもっとも効果的に伝えることができるだろうと考えたからである。

　最後にしかし最少ではなく本書出版を推し進めてくれたフリックスタジオの山道さん高木さん平尾さん、彰国社の尾関さんには心から感謝の気持ちを表したい。本書は2018年から始めた東京藝術大学大学院での「建築論」講義録として最初に構想された。フリックスタジオの山道さんがその講義録に目を止めてくださり、高木さんが根気よく丁寧にアドバイスをし、平尾さんが形にしてくれた。そして彰国社の尾関さんはその出版を快諾し、それによってこの本が生まれることになった。考えを形にするのは建築も著作も変わらない。そしてどちらも1人ではできないことであり良き協力者に会えたことに感謝したい。

1　藤枝晃雄、谷川渥、小澤基弘 編著『絵画の制作学』（日本文教出版、2007）

坂牛 卓　Sakaushi Taku

建築家／O.F.D.A.共同主宰。1959年東京都生まれ。1983年東京工業大学卒業、1985年カリフォルニア大学ロサンゼルス校大学院修士課程修了。1986年東京工業大学大学院修士課程修了。博士（工学）。㈱日建設計を経て1998年「O.F.D.A. associates」設立。信州大学工学部教授などを経て、2011年より東京理科大学工学部建築学科教授。主な作品に「するが幼稚園」(2005)、「リーテム東京工場」(2005)（第四回芦原義信賞）、「パインギャラリー」(2013)（International Architecture Award 2015)、「運動と風景」(2019)（SD賞2017）など。主な著書・翻訳書に『建築の規則——現代建築を創り・読み解く可能性』(ナカニシヤ出版、2008)、『建築の条件——「建築」なきあとの建築』(LIXIL出版、2017)、『言葉と建築』(共訳、鹿島出版会、2005)などがある。

［編集］
フリックスタジオ｜高木伸哉＋平尾 望

［装幀・本文フォーマットデザイン］
ラボラトリーズ｜加藤賢策＋阿部早紀子

［英文校正］
小西 建

［写真］
上田 宏（下記以外の写真全て）
O.F.D.A.（p.90）
O.F.D.A.＋miya akiko architecture atlier（p.164-165）
川崎璃乃（p.79、p.128-130、p.160-161、p.174-176、p.178-180、p.183）
Gottingham（p.162-163）
篠野志郎（p.88-89、p.91-92）
緋田昌重（p.168-172）

建築の設計力

2020年 4 月 10 日　第 1 版 発　行

著作権者と
の協定によ
り検印省略

著　者　坂　牛　　　　卓
発行者　下　出　雅　徳
発行所　株式会社　彰　国　社

162-0067 東京都新宿区富久町8-21
電話　03-3359-3231（大代表）
振替口座　00160-2-173401

自然科学書協会会員
工学書協会会員

Printed in Japan

印刷：壮光舎印刷　製本：中尾製本

Ⓒ 坂牛 卓　2020 年

ISBN978-4-395-32150-6　C3052　　　https://www.shokokusha.co.jp